什么是共享经济
共享经济为什么这么繁荣?

共享经济

SHARING ECONOMY

放牛哥◎主编

国家一级出版社　　中国纺织出版社　　全国百佳图书出版单位

内 容 提 要

《共享经济》一书共九章，包括：什么是共享经济、共享经济的构成要素、特征、盈利模式、应用领域、案例解析以及未来挑战等内容。希望通过阅读本书，让读者对共享经济有一个详细、清晰、理智的理解，避免因一时的冲动导致创业失败。当然，由于本人水平有限，书中难免有不足之处，敬请各位前辈、同仁、读者批评指正。

图书在版编目（CIP）数据

共享经济 / 放牛哥主编 . —北京：中国纺织出版社，2018. 7

ISBN 978 – 7 – 5180 – 5227 – 1

Ⅰ . ①共… Ⅱ . ①放… Ⅲ . ①商业模式—研究 Ⅳ . ① F71

中国版本图书馆 CIP 数据核字（2018）第 158728 号

策划编辑：陈希尔　　　　　　责任印制：储志伟

中国纺织出版社出版发行

地址：北京市朝阳区百子湾东里A407号楼　邮政编码：100124

销售电话：010 — 67004422　传真：010 — 87155801

http: //www.c-textilep.com

E-mail：faxing@c-textilep.com

中国纺织出版社天猫旗舰店

官方微博 http://weibo.com/2119887771

三河市延风印装有限公司印刷　各地新华书店经销

2018年8月第1版第1次印刷

开本：710×1000　1/16　印张：13.5

字数：200千字　定价：49.80元

《共享经济》编委会

主　编：

陈洪波

编委成员（以姓氏笔画为序）：

共享经济来临，是下一个风口还是风险

早在 1978 年，美国德克萨斯州立大学社会学教授马科斯·费尔逊和伊利诺伊大学社会学教授琼·斯潘思就提出了"共享经济"这一术语。2000 年之后，随着互联网 Web2.0 时代的到来，逐步为共享经济的发展奠定了技术基础，尤其是移动互联网的发展。2010 年前后，Uber、Airbnb 等一系列实物共享平台的出现，才真正将"共享经济"理论付诸实践，一时间"共享经济"一词迅速火遍全球，成了一种潮流。

同时，共享经济也在逐渐改变着人们的生活：出行有网约车、共享单车、共享汽车；吃饭有众多外卖 O2O；家政服务有 e 袋洗、河狸家等共享服务；甚至还有随叫随到的上门美甲、上门按摩……

似乎所有的产品都可以和共享经济搭上边，大到宝马轿车，小到充电宝雨伞，无所不能，使得越来越多的创业者、投资者开始尝试、探索"共享经济"商业模式。共享经济企业如雨后春笋般冒了出来，尤其是在共享出行领域，共享单车公司多到单车的颜色都不够用了，一个城市里随处可见五颜六色的单车。

从 2014 年到 2016 年，共享经济经历了疯狂的发展时期；而 2017 年，共享经济似乎又进入了死亡倒计时。倒闭的共享经济企业至少有 19 家，其中包括 7 家共享单车企业、2 家共享汽车企业、7 家共享充电宝企业、1 家共享租衣企业、1 家共享雨伞企业还有 1 家共享睡眠仓企业。

根据国家信息中心统计数据显示，2016 年我国共享经济市场交易额达 3.45 万亿元，同比增长 103%，这一增速位居全球之冠，未来几年将继续保持年均 40% 左右的高速增长。市场机构预测到 2017 年底，我国共享经济的交易规模将达到 4.5 万亿元。

毫无疑问，共享经济将是我国经济发展的一大趋势，但是，为何还有那么多共享经济企业纷纷倒闭呢？这里面不乏一些狂热的创业者和投资者，以为披上"共享经济"的华丽外衣，就可以拿到融资，进而盈利，其实不然。

到底什么是共享经济？我们必须有一个清楚的认识，基于这个背景，我利用近一年的时间，编著了这本书，希望能给那些预想在共享经济领域大展宏图的创业者、投资者一些帮助。

《共享经济》一书共九章，包括：什么是共享经济、共享经济的构成要素、特征、盈利模式、应用领域、案例解析以及未来挑战等内容。希望通过阅读本书，让读者对共享经济有一个详细、清晰、理智的理解，避免因一时的冲动导致创业失败。当然，由于本人水平有限，书中难免有不足之处，敬请各位前辈、同仁、读者批评指正。

放牛哥

2018 年 4 月 6 日

目 录
CONTENTS

第四章　共享经济的应用领域

第五章　共享经济创造巨大价值

第八章　共享经济面临的挑战

第九章　对共享经济未来的思考

第一章　什么是共享经济

从共享模式到共享经济

"共享经济"一词，虽然在20世纪70年代才被正式提出，但是"共享"模式自古有之。早在原始社会人类就已经发现了共享的重要性，那时人类个体力量是非常薄弱的，无法抵御自然灾害、野兽侵袭，于是就出现了人类族群，大家聚在一起生活，逐步产生了分工，女人负责照看孩子、做饭，男人则外出捕猎、保护族群的安全，而在族群里食物是共享的，领地也是共享的。

这应该就是人类最早的共享模式，现在人们的共享模式就更丰富了，比如：我今天下午有事，不能接孩子放学，请邻居帮忙接一下孩子；我想看一本名著，正好朋友那里有一本，我借过来看，这都是共享模式。

但这些传统的共享模式有一定的局限性，首先，共享的实物受到空间的限制，比如，我们借书，只能向身边的人借，离我们距离较远的人是很难实现的。其次，就是信任关系，如果你向个陌生人借书，几乎是借阅不成功的，因为你们之间不存在着信任关系。

进入21世纪，互联网Web2.0时代的到来，为共享模式的发展带来了新的契机，各种虚拟社区、论坛、BBS的出现，为用户提供了向陌生人分享信息的机会，但在网络世界，人们都以匿名示人，这一点就制约了人与人之间的实物分享，分享形式也只能局限在信息或内容分享，而且几乎没有金钱报酬。

2010年以后，一些实物分享平台的出现，如Airbnb、Uber，使共享模式发生了质的改变：从之前的无偿分享、信息分享，开始向获取报酬为主的分享模式转化，出现了基于陌生人且存在物品使用权暂时转移的"共享经济"。

虽然"共享经济"是在 2010 年之后才真正得以实现，但"共享经济"这一概念早在 1978 年就已经被提出，提出者是美国的德克萨斯州立大学社会学教授马科斯·费尔逊和伊利诺伊大学社会学教授琼·斯潘思。

他们认为协同消费是一种满足日常需求并与他人建立关系的日常活动，比如，大学校园里经常会有洗衣机的共享使用。按照消费者在协同消费产品或服务过程中，所处的时间与空间的不同，将协同消费分为接触式、分离式、关联式三种不同的消费方式。

2000 年，Zipcar 和 Buzzcar 的创始人罗宾·蔡斯真正将"共享经济"从理论付诸于实践，他认为人们真正需要的不是汽车的所有权，而是使用权，那么，运用互联网就可以将汽车的拥有者与使用者联系在一起。

于是，Zipcar 和 Buzzcar 汽车共享平台便诞生了，这两家公司的共享汽车遍布范围之广，市中心和民居住宅区都能找到公司提供的专用停车位，消费者只要注册成为会员，就可以以非常便宜的价格使用共享汽车。如今，Zipcar 已成为世界最大的共享汽车公司平台。

因在共享经济方面做出的杰出贡献及在商业上取得的巨大成功，蔡斯成为人们公认的共享经济鼻祖。

2014 年，"共享经济之父"——美国华盛顿特区经济趋势基金会总裁——杰里米·里夫金预测：随着科技的不断革新，将加快能源、交通、通讯三个基本要素的互动，资源可以在物联网平台上自由交换，人们可以廉价地获得商品与服务。

同年，英国"共享经济教母"比·沃斯可也对共享经济给予了高度的赞誉，认为共享经济是能帮助人们共享资产、资源、技能和时间的线上平台，她对共享经济非常看好，甚至建议英国政府为此出台法律法规，保护共享经济的发展。

相对于国外共享经济发展的如火如荼，我国的共享经济还处于起步阶段，2016 年 2 月，中国国家信息中心信息化研究部发布的《中国分享经济发展报告 2016》中给出了分享经济的定义，分享经济是指利用互联网等现代信息技术整合、分项海量的分散化闲置资源，满足多样化需求的经济活动总和，其基本内涵包括三个方面：

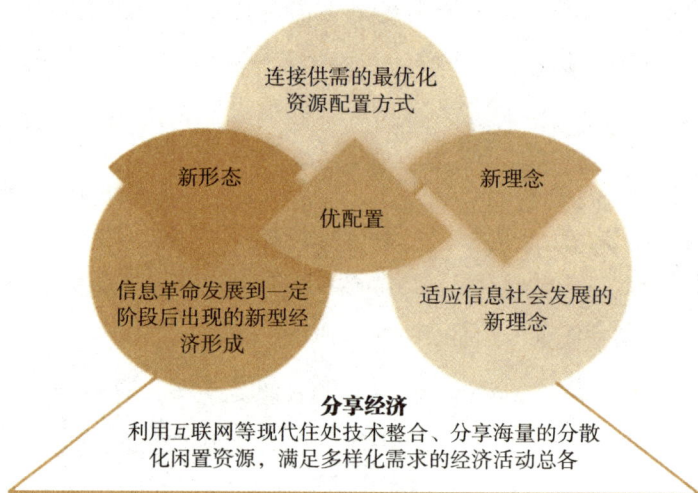

连接供需的最优化
资源配置方式

新形态

新理念

优配置

信息革命发展到一定
阶段后出现的新型经
济形成

适应信息社会发展的
新理念

分享经济
利用互联网等现代住处技术整合、分享海量的分散
化闲置资源，满足多样化需求的经济活动总各

在北京、广州等城市，继共享单车、共享汽车之后，共享充电宝、共享雨伞、共享篮球等共享经济新形态不断涌现，并有望成为下一个经济风口，大量资本正在不断向共享经济聚集，以共享充电宝为例，仅仅 40 天，就有了 35 家机构介入，获得 11 笔融资，融资金额高达 12 亿元人民币。

我相信，未来共享经济的成果一定是喜人的，它顺应了时代的潮流，让我们拭目以待吧。

什么是共享经济

共享经济是指拥有闲置资源的机构或个人有偿让渡资源使用权给他人，让渡者获取回报，分享者利用分享自己的闲置资源创造价值。

对于共享一词，很好理解，通俗地讲，就是把别人不需要的资源拿出来，提供给那些有需要的人。有过住筒子楼经历的人们，对共享一词有着更深刻的理解，住在筒子楼里的人往往会把柴米酱醋糖等生活用品放在楼道里，谁家做饭时缺了盐短了醋，都会向邻居打个招呼，拿来先用一些。还有以前没有实现机械化的时候，种田都需要用耕牛，往往几家合养一头牛，到了耕田的时节，大家轮流使用耕牛，这也是共享。

以上这些共享并不能称为经济，因为没有涉及变现问题，现在很多经济收入不菲的家庭，往往有几套住房，自己住一套，把剩下的房子出租出去，收取租金，让那些没有买房的人获得房屋的使用权，这就是一种初级的共享经济。

随着互联网的发展，大数据时代的到来，给共享经济的发展提供了更加肥沃的土壤，借助网络，人们可以轻松实现资源共享，将各种闲置的物品、资源和服务等，小到一顿饭，大到一套住房，都可以借助互联网平台，让那些对自己没有价值或者暂时闲置的物品，共享给那些有需要的人，方便快捷。

其实，共享经济的本质就是整合线下的闲散物品、教育医疗资源、劳动力；也有人说共享经济是人们公平享有社会资源，各自以不同的方式付出和受益共享经济红利。不管哪种说法，不可否认的是，共享经济是一种颠覆传统的商业模式，有着改变整个社会经济结构的巨大动能，它正在从一个新鲜事物逐步发展成为我们生活的一部分。

说到共享经济就不能不提共享经济鼻祖罗宾·蔡斯，她提出了共享经济模式，如下图所示：

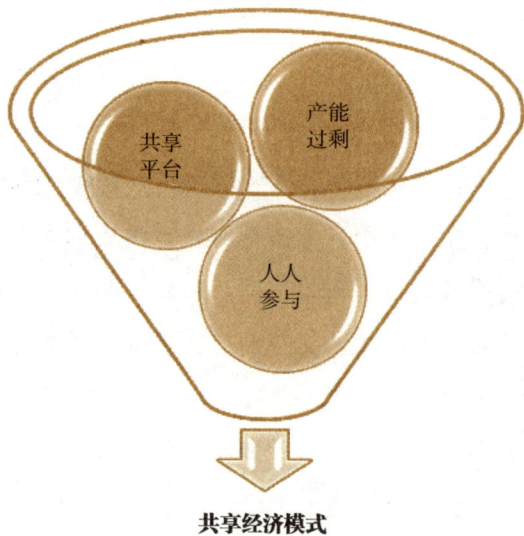

共享经济模式

罗宾·蔡斯认为，要了解什么是共享经济，首先要看懂三个金句。

"共享经济"金句NO1：没有一个房间也可以开酒店，没有一辆车也可以开租车公司，没有一件商品也可以开商场

共享经济的精髓在于使用和享用，而不是拥有。比如，我花了不少钱买的一件礼服，只穿了一次，现在我体型变化了，这件衣服已经不能再穿了，那么，我就可以把它放到二手商店，一方面我可以获得少量的收益，另一方面可以让这件衣服物有所值，找到真正喜欢它的人。

目前有一些电商网推出"大牌0元租"的活动，只要预存一些押金，就可以租用名牌包包，如LV、Gucci，让消费者在重要的场合体现一下身价，已经不是什么新鲜事了。

此外，还有我们熟悉的 Uber、滴滴出行、Airbnb、优客工场、小 e 管家等，这些都是共享经济的代表。我相信在未来会有越来越多的共享经济形式涌现出来，它们将彻底改变生活，改变我们的认知，当然，我们的生活也会因此而美好。

对于创业者来说，我们应该记住马云的一句话：未来 3 年最赚钱的行业，抓住的人都能改变命运，使用资源而不占有、不使用就是浪费。这句话高度概括了共享经济的本质。

"共享经济"金句 NO2：你的就是我的，我的也是你的

共享经济的目标在于使用互联网手段最大化地盘活社会闲置资源，进而有效增加社会经济流动性，从而真正实现了"你的就是我的，我的也是你的"。

现在有一些公司拟将客户发展成共同合伙人，特此开辟加盟板块，打造城市合伙人概念，这也是共享经济的一种形式。

以秦刚和王通联合发起的跨行、跨圈的互联网部落——秦王会为例，它就很符合这条金句。目前，秦王会里已经有 100 多精英，主要以创业者、行业专家、投资人为主，他们来自各行各业，这些人个个都有绝活。在这个社群里，他们会分享创业经验，会寻找合伙人，实现人人共享、人人增值的目标。

"共享经济"金句 NO3：每个人都知道你是一条狗，但却没人在意

这句话的意思是说，在共享经济中，没有人会在意你是谁，你长得怎么样，你有怎样的性格，他们只在意你的产品和信誉。信誉是共享经济的核心，它提高了社会效率，加强了人与人之间的联系。

如今，共享经济正从一个新鲜事物逐渐成为我们生活的一部分，一个新时代已经开启了。

国内共享经济的发展现状

共享经济，听上去很高大上、很深奥，而实际上我们每个人都不知不觉地享受其中。比如，滴滴打车，很多人都用过，而且很早之前就已经开始使用了，但并不知道如何用语言去描述它。而今天依托"互联网+"的共享经济，给传统行业带来了翻天覆地的变化，政府也对共享经济给予了高度的重视，才让我们后知后觉地发现这是一种"新经济"。

2016年，政府工作报告中强调：要大力推动共享经济等在内的"新经济"领域的快速发展。随着互联网技术的发展，社交网络生态的日益成熟，共享经济已经成为一股潮流，很多共享网站如雨后春笋般涌现出来，渗透到各行各业中，发展势头非常迅猛。

国家信息中心信息化研究部和中国互联网协会分享经济工作委员会联合发布的《中国"共享经济"发展报告2016》显示，2015年中国共享经济市场规模约为19560亿元，主要集中在金融、生活服务、交通出行、知识技能、房屋短租、生产能力等六大领域；共享经济领域参与提供服务者约为5000万人，参与共享经济活动的总人数保守估计也有超过5亿人；预计未来五年共享经济年均增长速度在40%左右，到2020年市场规模占GDP比重将达到10%以上，未来十年中国共享经济领域有望出现5～10家巨无霸平台型企业。

同样，腾讯研究院于2016年3月发布的《中国分享经济全景解读报告》也得出了类似的结论，该报告指出，2014到2015年共享经济企业出现井喷式发展，新增共享经济企业数量同比增长 3 倍，席卷十大主流行业，超过 30 个子领域，2015 年中国共享经济规模约占 GDP 的 1.59%，共享经济领域估值超过 10 亿美元的企业有 46 家，覆盖了八大行业。

下面就让我们来看一看我国发展比较好的共享经济企业都有哪些？

（一）滴滴快的（滴滴快车、滴滴拼车、一号专车）

共享经济中最火爆的生意莫过于打车行业，这与 Uber 的影响有一定的关系。滴滴快的创始人是吕传伟和程维，与出租车不同的是，该平台还推出了专车和顺风车的业务，与共享专车的 Uber 势均力敌，竞争非常激烈。

（二）猪八戒网

猪八戒网是知识创意共享的平台，创始人是朱明跃。目前，猪八戒网是中国最大的交易服务平台之一，交易范围涵盖内容非常广：包括设计、生活服务、网站建设等多达 400 多种，注册用户超过了 1300 万，交易总额超过 65 亿元。

我们常说知识可以变现，但是，究竟如何变现呢？猪八戒网给我们提供了一个变现的平台，比如，用户在工作生活中遇到的困难，可以发到猪八戒网，就会有专业人士为用户解答，提供创意解决方案，一旦被采纳，就能获得酬金。

（三）木鸟短租

木鸟短租的创始人是黄越。木鸟短租致力于打造一个靠收录闲置房源分享给商旅人士的民宿预定网站，在全国 400 多个城市有几十万套房源，这与 Airbnb 的旅游住宿预订平台十分相似。

木鸟短租主张"一间房，一种生活"的租住理念，建议打破传统房屋租赁、模式，建立有特色的"短租文化"，同时短租平台所有的参与者都为自品牌，可定制不同的风格、不同的地域、不同价格等具有鲜明特质的产品，甚至打造房东自品牌，包括房东的职业、性格、生日、兴趣爱好等都可以共享。

（四）阿姨帮

阿姨帮的创始人是万勇。阿姨帮是一个预约日常保洁、大扫除、衣物干洗、鞋具洗护服务的手机软件，是家政行业率先推出融合在线预订、支付、点评为一体的家政经纪平台。

（五）瓜子网

大家一定对赶集网不陌生，赶集网 CEO 杨浩涌就是瓜子网的创始人。2015 年，"赶集好车"宣布更名为"瓜子二手车直卖网"，赶集网表示未来会投入 10 亿元深耕二手车市场，看来，他们对二手车这块"蛋糕"势在必得。

（六）疯狂老师

张浩是疯狂老师的创始人，这个平台将老师与学生通过互联网这个纽带连接在了一起，哪怕你是生活在新疆，想得到北京某名牌学校老师的指点，也可以通过这个平台实现。该平台不仅可以帮助家长找到最优秀的老师，为孩子提供上门教学服务，还能帮助老师实现人生价值的最大化，因为老师可以在这个平台上实现线上售课、线下上课，或许，未来这将成为老师一项不错的收入吧。

（七）河狸家

如果你爱美，可平时又没有时间做美容怎么办？或者想美甲，又不想出去，如果能宅在家里就有人帮忙做美甲就好了。现在河狸家就可以帮你实现这一梦想，河狸家的创始人是孟醒，该平台推出了"一对一"服务功能，一个手艺人专为一个客户提供专业上门服务，也可以是"一对多"服务务，即一个手艺人同时服务多个客户。

相比于国外，国内的共享经济还处于起步尝试阶段。但不管怎样，这种势头是非常猛烈的，其未来也是可期的。

共享经济与租赁经济、平台经济的区别

共享经济、租赁经济、平台经济，是三种不同的经济形式，也是目前经常提到的经济形式，很容易将三者混淆，因为这三者之间往往存在着千丝万缕的联系。那么，这三者的区别在哪里呢？

（一）共享经济与租赁经济的区别

租赁经济是指出租人将某种物品的使用权借贷给承租人，承租人给出租人一定的酬金作为回报，承租人只有该物品的使用权，但不具有该物品的所有权。

比如，新人结婚要穿婚纱，有的人觉得婚纱就穿一次，不值当花钱去买，那么，她就可以去婚纱店去租，婚纱店向外租婚纱的行为就是租赁经济。

共享经济是指以获得一定报酬为目的，基于陌生人且存在物品使用权暂时转移的一种新的经济模式。仅从定义上看，租赁经济与共享经济有些相似，都存在着物权与使用权的分离，但两者还是有一定区别的。

1. 租赁会让出租者失去对所出租物品的控制权

比如，我有一辆车闲置，我把它租给汽车租赁公司，赚取一定的报酬，在车出租期间，我就失去了对车的控制，谁在开，去了哪里，是不是一些不良的驾驶操作会影响车子的寿命等等，这些我都无法掌控。

但是，我只是在上下班的时候，让出一个座位，我则可以对我的车进行一定的掌控，就像 Uber 司机，这就是一种共享经济。

2. 租赁获得的回报更稳定

虽然共享经济与租赁经济都能获得一定的酬金，但相比之下，租赁的回报更为稳定可靠，而共享经济则不够稳定，你将整车出租给汽车租赁公司，租赁公司不管是否将你的车出租出去，给你的酬金都是固定的。如果你开顺风车，那么，收益就不固定了，可能多也可能少。

3. 共享的前提是"闲置"

共享经济的前提是"闲置"，这一点与租赁经济是不同的，像大家熟悉的 Uber 和 Airbnb 都是共享经济的代表，Uber 司机在有空的时候来接送乘客，以获取酬劳。有人说，这与中国的滴滴是一样的。其实，从严格意义上说，Uber 与滴滴还是有区别的，因为滴滴中的一部分司机是在充当着出租车司机的工作，而不只是"顺风拉客"。

4. 共享经济与租赁经济的核心不同

共享经济的核心是网络效应，借助互联网进行营销，速度传播，因为共享的产品都是高频需求，比如房屋出租、汽车出行，倘若人们购买这些产品，往往需要一笔不菲的金额。

有人说，为什么充电宝、雨伞共享很难成功呢？因为这两样物品不满足高频需求的特点，雨伞、充电宝价格都不贵，我可以买回来自己使用，为什么要去租呢？

租赁经济的核心是规模效应，不需要高频需求的共享，只要有租赁需求的人群足够多即可，比如婚纱、旅游景点的单车等，因为用得不多，可能就用一两次，又必须要用，所以，索性去租用一下即可。

（二）共享经济与平台经济的区别

先来说一下什么是平台经济：它是指依托平台进行交易的商业模式，所谓平台就是连接多方供求或虚拟或真实的交易场所，。其实，平台经济早已经与我们的日常生活密不可分，尤其是随着如今网购越来越普遍，比如，大家都会去淘宝、天猫、京东、亚马逊、唯品会等平台上购物，这些平台将店主与消费者紧密地联系在了一起。

平台经济的特点就是凝聚资源，将传统经济中的很多销售环节。比如渠道销售，代理等中间环节都省略掉了；甚至厂家直销，将原本冗长的产业链形成了闭环，提高了产业效率。

共享经济必须要链接个体双方，才能为双方提供交易的可能，简单地说，甲要有闲置的资源去共享，而乙则需要在一定时间内获得某物品的使用权，平台则通过中介费、服务费等形式盈利。比如，在上一节中提到的猪八戒网、阿姨帮等，就是共享平台，公司通过这样的平台来获取一定的服务费。

共享经济带给创业者最大的影响——思维的改变

关于共享经济，有褒有贬，有人说它是未来经济的风口，也有人说它是昙花一现。我认为任何一种新经济形式的出现，都会有人说好有人说坏，至于它到底如何，只有经过市场的检验，才会有最终的结果，但到那时往往已经错过了红利期。

　　坦白地说，我最初对共享经济也是嗤之以鼻的。共享单车很火，又有共享充电宝、共享雨伞，后来又出现了共享宝马、共享奥迪，甚至朋友圈还有共享女友，用微信扫一扫，就可以带走。

　　可以说共享项目已经是满天飞了，可我并不看好共享经济。因为在我看来，共享经济就是一个噱头，根本不赚钱。以共享单车为例，一堆堆地摆放在路边，光靠押金沉淀资金，这本身就不是正常的商业逻辑。真正的共享项目应该是有很好的现金流，客户愿意为这个共享服务去买单。

　　现在城市流行共享KTV，一个共享KTV设备成本要好几万元，放在商场里确实很惹眼，但我发现真正去唱的人很少，或许是因为我不爱娱乐，不关注这些吧。但共享鲜果机，我是体验过的。

　　有一次带孩子去逛商场，小孩子看到鲜果机，非要喝，我便借机体验了一把，感觉还不错，一杯果汁几十元，可以微信扫码支付，我对这个无人值守的支付方式很认同，但我对共享项目的认可也只停留在这种支付方式上。现在人人都有微信，如果有一个硬件可以自动微信扫码支付，方便快捷，用户不用带零钱，少了带硬币找零的烦恼，应该很受欢迎。

　　虽然我一直想拥有一个线下生意，但我一直找不到与微信支付的相关生意的结合点，我理想中的生意一定不是重资产，不用请服务员，不用我去送货，还可以自主营收。比如鲜果机，需要往鲜果机里装鲜果，太麻烦，共享KTV，设备投资太贵了。我曾想过做共享娃娃机，但现在传统的娃娃机、摇摇车太多了，市场已经饱和。

　　我曾一度认为在共享经济这个大风口，炒作高于实际，方向好，但是我们无处落脚，不知道该做点什么好。后来发生的一件事，让我对共享经济的认知提升了一个大台阶，我有一个认识多年的朋友，生活在深圳，做技术研发工作，他受共享经济的影响，做了一个共享按摩椅的项目，一开始就拿到了1500万元人民币的天使投资，他现在的项目估值为3亿元人民币，每个月的纯利润高达300多万元人民币。

　　我的这个朋友在 2017 年年初，也就是做这个共享按摩椅的项目之前，曾找到过我，聊起过这件事，但我并没有看上这个项目，当时的想法是这样的：一台共享按摩椅的价格要上万，还要找场地，使用一次才几块钱，猴年马月才能把本钱赚回来呢？

　　一开始我听朋友在做这个项目时，我差点把人家笑话死。前两天，这个朋友又来找我，和我一起吃饭，他让我看了一下他的后台数据，这一看让我大吃一惊！后台显示，我这个朋友每月都有 40 多万元的纯利润！

　　原本在我眼里分文不值的玩意，居然这么赚钱，而且还是自动赚钱，这下完全颠覆了我对共享经济的认知，也立马对这个项目重视起来。接下来我们的饭局就变成了项目研讨会，我几乎用各种质疑来拷问人家，但最终都被现实击碎，事实证明，共享按摩椅是一个投资回报率超级高，基本稳赚不赔的生意。

　　以前我认为成本太贵，没人按摩的想法都是错误的，事实是，不是没人按摩，而是按摩的人很多，还需要配对，不是不赚钱，只需 3 个月硬件成本就全回来了，其余全都是赚的。最为重要的是，排他性竞争非常强，一个商场入驻以后，你再找商场、找地方，人家会直接拒绝你，根本不会跟你谈合作。

　　这都是我实践出来的结果，那天我和朋友吃完饭后，我就跑了好几个地方。这些地方都有我朋友的机器在运转，我直接被商家拒绝了。我家附近有个叫 K 酷的商场，朋友只放了 6 台按摩椅，后台数据显示，上个月已经为他赚了 9141.12 元纯利润，实际共收入 13014 元，给商场分了 3872.88 元冲抵租金。也就是说，朋友把收入的 30% 给了商场，70% 是自己的利润，6 台机器的成本是 2.4 万元，每月的纯利润是 9000 元，3 个月就回本了。

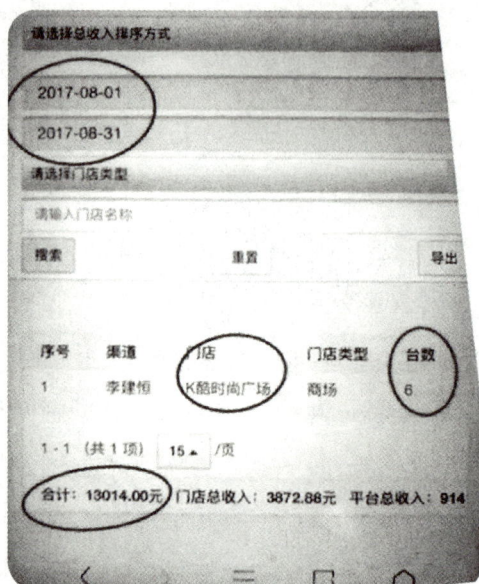

　　下面这张图是朋友位于火车站的店面，北京火车站的租金是非常贵的，这是他和一个卖彩票的人拼租的，租金一年20多万，即便这么贵的租金，算下来纯利润也能赚到20多万，而这里只有八台机器，每月帮他赚的纯利润有2万元。八台机器的成本是3.2万元，2个月就可以回本了，这是回本最快的店面。

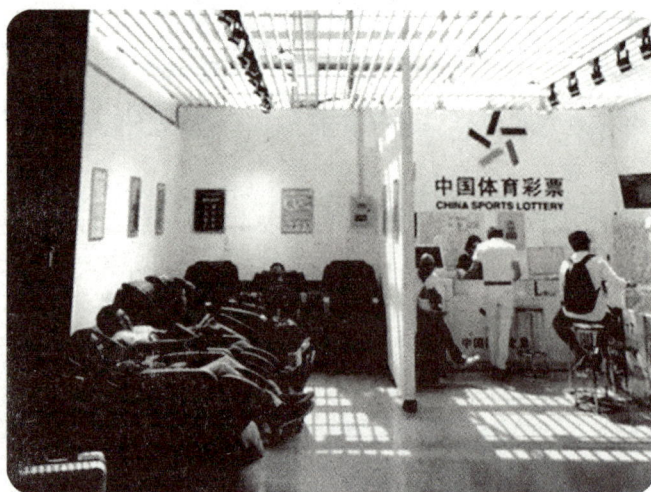

　　之后，我还和朋友去了大悦城，朋友约了一位于经理，这个人专门从机场、火车站等人流量大的地方拿场地，然后再出租，我朋友找他，第一要在火车站再租一个大的店面，第二是想要再到首都机场租一个场地，而且要入驻到国航 VIP 里去。

　　看过这一圈，我终于明白了：这个生意的商业模式非常简单，就是租地方，将机器投进去，然后就可以开始自动赚钱了，要想赚的多，就得多找场地，多投放设备，完全是批量复制，规模效应。

　　目前，我朋友的公司在全国已经投放了 5000 余台机器，每月的纯利润就有 300 多万，5000 台机器的成本要 2000 万，需要半年收回成本。这些机器保守来说也要用上三年，一年可赚 4000 万，三年便可以赚到 1 亿元人民币。

　　共享按摩椅这个项目，让我完全颠覆了对共享经济的认知，刷新了我的思维方式。在过去我一直在寻找一个能自动赚钱的项目，而现在，不用每天搞得很疲惫，不用看人脸色，也不用研究怎么跟人打交道，只需要一个场地，几台按摩椅，就可以轻松搞定。而且这些机器全部都是通过 4G 模块，远程管理，可以用手机随时随地查看任意一台机器的状态，是在工作中，还是在待机中，一目了然。

　　我之所以非常看好这个项目，不仅是因为共享按摩椅能给我带来利润，更主要的是，作为微商来说，它还是一个移动互联网的入口，这个价值是不可估量的，有了用户，有了粉丝，我根本就不用愁如何赚钱，也就说线下机器能帮我赚钱，线上这些用户，我又有办法可以继续变现。

共享经济给消费者带来怎样的改变

说到共享经济的受益者，可能大家更多地想到的是商家、创业者，总觉得他们才是受益者，因为他们赶上了共享经济的浪潮，有机会赚得盆满钵满。事实上，共享经济的受益者不仅是商家、创业者，每个参与到共享经济活动中来的人都能受益，它带给消费者的改变也是非常巨大的。

出行有网约车、共享单车、共享汽车；吃饭有众多外卖 O2O；家政服务有 e 袋洗、河狸家等共享服务；甚至还有随叫随到的上门美甲、上门按摩……这种实实在在的改变，每个消费者都能切身感受到。

近几年，共享经济的浪潮席卷了商业经济的各个角落，使消费者的日常生活等各个方面都发生了翻天覆地的变化。共享经济不仅是重塑了一种商业模式，还重塑了消费者相互之间，甚至消费者与商家之间的关系，具体地说，共享经济带给消费者的改变主要体现在以下几个方面：

（一）从重视所有权到重视使用权的改变

过去，人们更重视商品的所有权，购买商品的目的就是为了所有，这种传统的所有权价值观绵延了数千年之久。共享经济的到来，彻底颠覆了人们传统的所有权价值观，人们开始从重视产品所有权的思想中解放出来，开始重视产品的使用权，让人们意识到比占有更重要的是满足需求的使用权。

（二）让消费过程变得更加简单快捷

消费者有了消费的意愿，要进行消费，少不了三个环节：即寻找合适的平台，选择商品，最后是购买。购买是非常快捷的，难点就在于前两者，平台和商品的选择，尤其是在信用体系不健全的情况下，人们的购买行为大多是谨慎小心的。

共享经济发展的前提之一就是信用体系的建立与完善，这样才能让人们放心地与陌生人交易，借助云计算和大数据，可以大大消除不诚信行为，让人们的消费更加放心，简单，快捷。

（三）花少量的钱就可以获得高额回报

一名上班族，如果乘坐公共交通工具上班非常不方便，可能就需要购买一辆汽车出行。购买一辆汽车少则几万元，对于普通上班族来说，可能不是一个小数目，而且买车的后续消费，如汽车保养、油钱、保险、停车费等，都可能会造成经济压力。现在有了滴滴出行，就可以搭乘顺风车出行，只需花少量的钱就可以方便的上下班。

也就是说，因为共享经济的发展，消费者已经不必再为了满足使用需求而去购买商品，只需要支付少量的租赁成本就可以了，这比传统模式支付的费用要低很多。

（四）从被动消费到主动产销

传统经济中，生产者与消费者的界限分明，生产者负责生产产品，产品生产出来之后，经过一系列的营销环节，消费者通过购买产品，获得产品的所有权。

而共享经济则颠覆了企业所有与个人消费的产业模式，使每个人都可以既是消费者，又可以是生产者。

举一个例子来说，过去你要买一款手机，只能从商家提供的手机品牌与型号中进行选择，可能这些产品并不能完全满足你的需求，但你只能被迫接受。现在消费者可以通过互联网，分享自己对产品的看法，对产品提出自己的意见，从某种意义上来说，这更有利于商家改进服务，使产品更能满足消费者的需求。在共享经济的消费模式中，市场将从"大众市场"，进入"人人市场"，也就是在未来，消费者会获得更多的个性化体验。

正如罗宾·蔡斯所说的那样："在共享经济时代，所有资产都是开放的，所有人是连接在一起的，每个消费者可以集合最优秀的产品、资源、数据、平台从而完成和满足自己的个性化需求，这是工业化标准产品所无法满足的。"

由此可见，在共享经济时代，消费者同样可以享受高福利，自身也是受益者。

第二章　共享经济的构成要素

主体要素

　　共享经济是一种全世界范围的经济模式，丰富的资源与高效的平台是共享经济蓬勃发展的基础，通过整合资源与需求并合理有效配置，达到资源的充分利用，比如，滴滴出行、易到用车，这两个平台通过整合私家车，来满足人们出行的需要，并从中获得收益。

　　按照角色的划分，共享经济模式可以看做由两个主体构成，分别是资源持有者和资源分配的参与者，如下图所示：

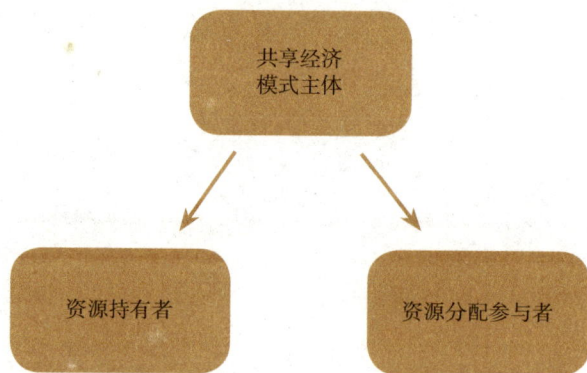

```
        ┌─────────────┐
        │  共享经济      │
        │  模式主体      │
        └─────────────┘
          ↙          ↘
┌─────────────┐   ┌─────────────────┐
│  资源持有者    │   │  资源分配参与者     │
└─────────────┘   └─────────────────┘
```

　　资源持有者与资源分配参与者指的是什么呢？很多人都会想到个人，的确，在我国共享经济的交易主体主要是 20 ～ 40 岁之间的知识阶层，不过，这只是共享经济主体要素的一部分，除此之外，还包括企业、非正式组织、正式组织，甚至国家。

（一）个人

共享经济的一种重要特征就是人人参与，所以，个人主体的范围非常广阔，包括不同年龄、性别、学历、职业、地域等的人，甚至可以说，老幼妇孺都可以是共享经济模式的个人主体。

个人主体作为资源的持有者，可以将自己闲置的资源的信息发布到平台，通过平台将这些资源重新分配给有需要的人。当然，个人主体也可以作为资源分配的参与者，通过平台寻找到自己需要的资源。

在这个过程中，资源持有者获得了现金、情感等方面的收益，资源分配参与者也可以花少量的钱买到物美价廉的商品，所以说，这个分享的过程是双赢的。

个人主体在共享经济中发挥着重要的作用，因为个人主体数量最多，分布最广，以我国为例，我国有近 14 亿人口，巨大的人口基数为共享经济的发展起到了极大的推动作用。

（二）企业

企业与个人共同构成了共享经济模式中最基本的两大主体，在共享经济模式中，企业与个人一样，所扮演的角色可以是资源持有者，也可以是资源分配的参与者。相对于个人来说，企业资源共享的目的是为了获得更高的回报，而且他其对市场、经济模式具有更大的影响力，对共享经济模式的成长有着巨大的促进作用。

（三）非正式组织

共享经济模式下的非正式组织主要依靠互联网联系在一起的人组成的，这些人来自不同地域，因为有共同的兴趣爱好而结成非正式组织。比如，你喜欢骑行，就可以通过互联网，寻找喜欢骑行人的组织，比如 QQ

群、微信群等，在群里我们可以探讨骑行的知识、经验、心得，从而形成一个小的共享经济圈。

我认识一个朋友，他就是骑行爱好者，曾 3 次组队骑行去西藏，每次组队前对骑行的时间、路线、主要事项等内容都要提前沟通、交流。因为他的骑行经验十分丰富，所以，他常在骑行圈子里分享，有时还会为贫困家庭募捐，从而形成了一个小的共享经济圈。

（四）正式组织

正式组织相对于非正式组织，就比较严格了，正式组织主要由企业主体组成，会制定一定的规则制度，正式组织的参与也有一定的选拔制度与标准。

比如，今日头条曾招募一些有写作经验的宝妈，让他们来参与今日头条旗下的一个产品——悟空问答，让这些宝妈参与问答，将宝妈们的育儿经验、心得分享给更多的读者，同时也为今日头条赢得了很多的关注，为今日头条的发展起到了促进作用。

（五）国家主体

在共享经济模式中，国家主体扮演的角色主要是规则的制定者、市场监督者以及经济模式的引领者。

2016 年 2 月，《国民经济和社会发展第十三个五年规划纲要》提出："促进'互联网 +'新业态创新，鼓励搭建资源开放共享平台，探索建立国家信息经济试点示范区，积极发展共享经济"。

2016 年 3 月，共享经济首次写入《政府工作报告》，明确要"支持共享经济发展，提高资源利用效率，让更多人参与进来、富裕起来"，同时提出"以体制机制创新促进共享经济发展"。

2016 年 3 月，发改委联合中宣部、科技部、财政部等共十部委印发

《关于促进绿色消费的指导意见》，明确指出"支持发展共享经济，鼓励个人闲置资源有效利用，有序发展自有车辆租赁，创新监管方式，完善信用体系"，这是国家首次发布针对共享经济领域的指导及鼓励措施，并有意加强监管层面对创新模式的支持与配合。

2016 年 7 月，《国家信息化发展战略纲要》发布，强调要"发展共享经济，建立网络化协同创新体系"，共享经济成为国家信息化发展战略的重要组成部分。

由以上信息中，我们可以看出，国家对于共享经济的支持力度，对共享经济的发展起到了引导的作用。

交易对象

交易对象是指交易流程中的被动的一方，比如，菜市场中的蔬菜，服装店买卖中的衣服，股票交易中的股票等，这些都是交易过程中的交易对象，交易标的物是具有使用价值的完整物品，通常需要满足以下条件：

一是价值额度较大：简单地说，就是物品很昂贵，购置成本比较高，比如珠宝首饰、汽车等；或者受时空的限制，无法实现远距离随身携用，如房产；或者是需求者自身不常用，购买新的产品就觉得浪费，比如，住在楼房的人很少使用电钻这种物品，但是需要在墙上打钢钉时，电钻这种工具就非常顺手好用了，就为打几个钢钉，就花数百元购买一个电钻，肯定是不划算的，如果社区有共享的资源，就再好不过了。

二是可以重复使用：所有者并不经常使用，以电钻为例，如果电钻的主人不是装修工，可能他平时用不到电钻，放在家里还很占地方，如果拿到社区的共享平台共享，不仅能赚取一定的收益，还省得放在家里占地方了，一举两得。

在共享经济模式中，最初的交易对象是主体要素所有的闲置或者低效的资源，比如：某人购买了很多衣服，多数闲置，拿到共享平台分享，获得一定的收益；企业拥有写字楼，将闲置的部分拿出来出租等。

这种共享交易实现了闲置低效资源的充分利用，减少了浪费。随着交易对象范围的不断扩大，共享经济渗透的领域不断拓宽，不仅闲置低效的资源可以拿来共享，高效、优质的资源同样可以实现共享。

现在有些名师可以通过网络授课的方式实现知识共享，这就是一种优质的资源，名师是有限的资源，过去传统的教学模式，只能让少量的学生受益，现在有了互联网，借助互联网，可以让全国各地的学生都能享受名师指导，从中受益，对名师而言，不仅扩大了传道授业解惑的范围，还能获得可观的收益。

共享经济最初的交易对象主要是实物，如服装、单车、汽车、房屋等，渐渐地，交易对象也可以是一些非实物，如刚才我们说的名师通过互联网授课，还有帮他人出主意、出点子等，都是非实物资源的共享。

任何经济模式的交易中都存在着交易对象，不过共享经济模式下的交易对象不同于传统经济中企业的产品、服务等最终产物。如服装公司，它们的交易对象就是服装；手机生产商，它们的交易对象就是手机。共享经济模式下的交易对象就非常广泛了，它们可以是企业闲置的、低效的、高效的资源，总之一切有价值的资源都可以拿来共享，而不仅仅局限于自己生产的产品。

这样一来，就可以使资源更有效地被应用，提高经济效益，避免了浪费，由此可见，从长远角度来说，共享经济是具有十分重要的意义的，因为在资源日益匮乏的时候，这种经济模式就能最大限度地节约资源。

核心要素：共享平台

在共享经济模式中，共享平台起着桥梁的作用，连接着供给方和需求方，供给方持有不同种类的资源入驻共享平台，为共享平台提供一切交易的基础，没有供给方提供资源或者资源太少，就会大大影响用户体验。

比如某二手用品共享平台，只有几十种可供共享的产品，用户在浏览该平台后，发现这里的资源很匮乏，无法满足自己的应用需求，那么，用户下次就不会再来使用此共享平台了。

共享平台的连接功能将大规模的资源聚集到共享平台上，然后，共享平台再对这些资源进行有效的管理，从而保证交易过程的顺利进行。那么，共享平台是如何实现管理功能的呢？

首先就是存储管理，共享平台的存储管理主要体现在对原始共享资源的数据进行整合、分析、交换以及存储等。当供给者将资源的信息提交到共享平台后，共享平台就会对信息进行一系列的数据转化、管理、匹配。

其次是控制管理，主要体现对共享的数据、用户的控制。

先来说一说数据控制，假如在一个二手交易共享平台购买一款手机，登录平台后，先在首页搜索关键信息，比如搜索手机，或者在首页寻找电子产品等一系列信息，这样我们就能快速地找到我们想要购买的产品。这个过程需要共享平台将供给方提供的庞大数据经过一系列复杂的处理，才能实现。

关于用户控制，主要包括供给方控制、需求方控制、社群控制以及评价体系控制，所谓的供给方控制和需求方控制，是指供给方和需求方在共享平台注册后，共享平台会对双方的信息进行管理与控制。

评价体系与社群控制是提高用户体验的有效途径，评价体系主要是指对用户的评价标准、建议能分类、筛选、提取，方便用户能快速地找到相关产品，有一个非常愉快的交易过程。

社群的运营遵循了共享经济的自由平等的原则，共享经济是基于信任为基础的，打造社群的概念，能让供给方与需求方的交易有效率的进行，提高用户的忠诚度。

除此之外，共享平台还承担着系统管理的作用，举一个简单的例子，我生活在北京，我要在某二手共享平台上购买一台电脑，共享平台通过对地理信息系统的定位，就可以为我寻找一些生活在北京的电脑供给方，方便交易的进行。当然，共享平台的系统管理会是一个十分复杂的过程，但它也是确保交易顺利进行的一个关键要素。

总之，共享平台作为中介的枢纽，会对交易成员进行背景审查，发挥协调匹配的功能，从而大大降低了个体之间的交易成本。

其他参与方

在共享经济模式中，很多人认为只包含三大要素，分别是主体要素、交易对象以及共享平台，其实不然。其他参与方也是必不可少的角色，因为它能确保交易顺利实现，那么，什么是其他参与方呢？具体来说，应该包括以下几点：

（一）第三方支付

很多人都有在淘宝购物的经历，我们在选好物品，在网上完成交易付款时，并不是直接将钱款直接付给淘宝卖家，而是先把钱打到第三方平台，待我们收到物品后，第三方平台才会将钱款付给卖家，从而保证了买家的利益。

如果没有第三方平台，恐怕很多买家都不敢轻易去网络上购物，因为自身的利益无法得到保障。同样，共享经济模式的发展过程中，也不能缺少第三方平台的参与，它在其中起到了代为保管的作用。

第三方支付相当于一个管家，需求方将购买商品或者服务的资金转移到第三方平台保管，并通知供给方为需求方提供商品或者服务，待需求方满意并确认付款时，供给方才能收到第三方平台保管的资金，交易结束。

（二）监管机构

在主体要素中，我曾提到主体要素的一个参与者就是国家主体，为什么要有国家主体的参与呢？其中重要的一个原因就是制定规则，进行市场监督，以确保共享经济健康的发展。

（三）征信机构

征信是由第三方专业机构整合银行、政府等公共机构中所记录的信用信息，基于用户过去的信用行为，来预测未来的经济活动。

假如，A在上大学期间通过助学贷款完成了学业，但是未能按时支付利息，那么，他今后要贷款买房、买车，就会遇到困难，很可能无法顺利贷款，因为银行那里记录了他过去的"污点"，有过不良的信用记录。

同样的道理，共享经济的发展，也需要征信机构的介入，比如共享雨伞，某用户有过使用不归还的记录，那么，下次就可能无法再使用。人最宝贵的一个品质就是诚信，在互联网时代，如果人没有诚信，今后将寸步难行。

（四）评估机构

共享经济模式下的评估机构能够帮助参与者相互了解，促进交易的完成，评估机构需要做的工作包括质量评估、价格评估、风险评估等，评估越详细越具体，才能使参与者之间能够充分的了解对方，才能增加交易的信息，从而提高交易的成功率。

以滴滴出行为例，假定我们为需求方，我们可以在滴滴出行页面看到供给方的信息，包扩车型、车牌号，是否有过不良记录等等，这些信息都能让我们更加了解供给方信誉，从而决定是否进行交易。

第三章　共享经济的特征

基于互联网平台

　　共享经济模式并非近几年的产物，很早之前就已经有了共享经济的模式，那么，过去的共享经济模式与现在的共享经济模式有什么不同呢？

　　在 20 世纪 80 年代，我国大部分农村种庄稼靠的还是人力，最高级的就是几家几户合养一头牛，谁来提供草料，谁来照顾牛，都有一个大致的分工，等到农忙的时候，用牛来耕地，几个家庭轮流使用。其实，这就是一种共享模式，但那时候的共享主要受地域的限制，以共用一头牛来说，都是本村的村民来共同饲养一头牛。

　　后来，经济发展了，不再用牛耕地，有了专门用于耕地、收割庄稼的大型收割机。但因价格昂贵，一般家庭是买不起的，常常是十里八乡才有一个收割机，为了尽快将粮食颗粒归仓，常常需要派人专门去联系收割机司机，甚至跟在他们的身后，耗时耗力，效率非常低。

　　有时还会出现一种现象，有人新买了收割机，因为十里八乡的人不知道，没有人找他收割庄稼，其他人的收割机非常忙碌，而他的收割机却闲置，没钱赚。

　　有了互联网尤其是智能终端的迅速普及，大大促进了共享经济的发展，其主要表现在三个方面：

扩大共享范围

获得对称信息

节省时间

（一）扩大共享范围

过去，人们可共享的资源只局限在很小的范围，以养耕牛种庄稼来说，往往以村为单位，邻里之间共同饲养一头牛。再有，人们借生产工具也局限在与自己住得较近，经常接触的人这样一个很小的范围，因为更多的信息，我们无法获取。

但有了互联网之后，人们租借物品的范围就可以扩大了，一来有了共享平台，我们可以获得更多的相关信息，二来我们可以超出自己所熟知的人群范围，向陌生的人租借物品。

（二）获得对称信息

在过去，我们要租借物品，只能向身边的人租借，或者向身边的人打听，谁有自己所需的物品，对于需求方来说，他是迫切需要这种物品的。而物品的持有者，他可能对持有的物品并不怎么使用，长期闲置，供给者与供需者双方信息的不对称，无法使资源得到合理的利用。

互联网日益发达之后，尤其是移动互联网的发展，人们获得信息更加便捷，更加全面，需求方只需将信息发到共享平台网站，就可以在几分钟甚至几秒钟找到所需的物品，同样，供给方也能迅速知道谁需要自己手中闲置的物品，从而快速地完成交易。

（三）节省时间

过去，我们需要某件物品时，需要去别人家借，有时需要走街串巷，边打听边借，需要花费不少时间，有了互联网，只需拿出手机，轻轻一点，想要的物品就呈现在眼前，下单之后，坐在家里等着快递上门就可以了，轻松便捷，最重要的是省了不少时间。

由此可见，正是因为有了互联网尤其是智能终端的迅速普及，才使海量的供给方与需求方快速地建立联系，聚集在共享平台，共享平台并不会直接提供产品活服务，只是将供给方与需求方连接在一起，提供即时、便捷、高效的技术支持、信息服务和信用保障。可以说，现在意义上的共享经济离开了互联网，是根本无法正常运转的，还是会让我们回到过去的共享经济模式中去。

大众参与

大众参与是指供需双方的无限性，也就是说，要把无限多的资源和无限多的需求整合到一个平台上，足够多的供给方和足够多的需求方共同参与是分享经济得以发展的前提条件。

因为互联网的平台是开放的，人人都可以参与其中，只要你拥有一定的资源或者一定的技能，而且每个参与者都可以具有双重身份，既是生产者，又是消费者，比如 A 具有编程技术，他就可以通过共享平台，为需要编程的需求者提供帮助，此时他的身份是供给者，如果他需要做文案策划，就可以在共享平台找到此类人才，此时他的身份又变成了需求方。这种身份的转变，使个人潜能与价值得到了最大的发挥。

众所周知，共享经济属于典型的双边市场，即供需双方通过平台进行交易。一方参与者的人数越多，另一方得到的收益就会越大，供需双方相互吸引，相互促进，从而使网络效应进一步放大。

在共享经济模式中，大众参与起着非常关键的作用，它能产生两个效应：一是让有效的资源找到最合适的用户，不管什么样的资源，只要放到共享平台中，让更多人看见，总会有人需要；二是多样化需求找到最合适的提供者，需求方的人数众多，所需的资源也是多种多样的，但是只要有足够多的供给者，需求方的需求总能得到满足。

可能有人会说了，传统经济中有庞大的营销渠道，也可以满足供给方与需求方的需求，的确如此，在传统经济模式中，多会采取渠道销售，有全国代理、省级代理、市级代理等等，这种营销模式覆盖的范围看似很广，但是影响到的对象也是有限的。

有了互联网就不一样了，人们通过互联网可以获得更多的信息，而且消除了地域限制，以前我们购物往往只局限于自己所生活居住的空间，现在网购，国外的产品也可以轻松地买回家，需要什么样的产品，只要在网络上搜索，转瞬之间就可以得到有效信息。

不过，目前共享经济中出现了多种"大众参与"模式：完全共享和不完全共享。完全共享模式的典型特点是供需双方无限，比如滴滴出行、Uber 等。不完全共享的模式主要有两种方式：一是供方不完全共享模式，如目前的共享单车、共享汽车、共享雨伞等；二是需求方不完全共享模式，如企业为自身发展创立的开放研发平台。

共享经济的最高境界应该是人人共享，人人受益！现在的共享平台主要为闲置的资源提供了好的去处，实现了资源的配置，以满足供需双方的各自需求，那么，有没有可能有一天，让共享平台成为全民创业的平台呢？

我认为完全有可能，而且现在市场也在做这方面的尝试，比如众筹。说到众筹，很多人都认为是筹钱，其实不然，还可以筹集人脉、专业技术、个性化方案等等，这样一来，用户可以是需求者，也可以是投资者，平台则主要提供的是组织能力，这是一种建立在共享基础上的创新，要实现这一目标，思维的创新、观念的革新，非常非常重要！

现在很多社群，就是结人脉、共享资源的好途径，我做的嘎嘎客共享按摩椅为何能够迅速发展起来，就与我加入的秦王会社群有一定关系。秦王会就是一个共享的生态圈，群里的成员都是有一定资源的人，通过资源的整合重组，就能创造更加的价值！

资源要素的快速流动与高效配置

现实世界的很多资源都是有限的，特别是一些不可再生资源，如煤炭、石油、矿产资源等，如何提高这些资源的利用率是全世界人们都应该关注的问题。但不得不说的是，尽管资源非常有限和宝贵，可是闲置与浪费也普遍存在，如闲置的房屋、设备等，共享经济就是要将这些大量、分散的资源通过互联网整合起来，让其发挥最大的功效，以满足人们的需求。

有些富裕的家庭可以有几辆汽车、几套房屋闲置，但对于贫困家庭来说，能有一个安身之处都是奢求，如果那些富裕的家庭能够将闲置的资源与穷人共享，就能大大提高资源的利用率。但现实是，富裕的家庭不会这么做，因为他们并不看重那一点共享获得的收益。

其实，在我看来，供给者将闲置的资源与需求方共享，并不仅仅应该是利益的驱动，它应该是一种健康节能生活方式的选择，是一种高尚的品质与情操。我之所以选择做嘎嘎客共享按摩椅，就是要实现人人都能花少量的钱按摩的愿望。

对于一般家庭来说，花上万元钱买一台按摩椅，是有些奢侈的，大家平时都很忙，可能并不会抽出时间来按摩，再者，家里的空间很小，摆上一个笨重的按摩椅实在太占地方，但是如果在我们生活、工作的附近，就有一台按摩椅，每天下班经过这些地方，就可以躺下来按摩上 10 分钟，消除一天的疲劳，将是一件非常惬意的事情。

| 高铁站 | 台球厅 | 4S店 | 电影院 |

| 体育馆 | 游乐场 | 酒店 | 酒吧 |

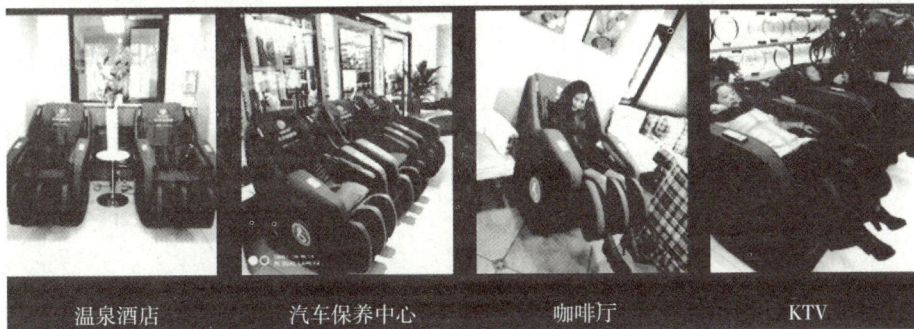

| 温泉酒店 | 汽车保养中心 | 咖啡厅 | KTV |

现在人们的生活、工作节奏都非常快，大块的时间大多被工作、生活做占据，根本不可能抽出大量的时间去找人按摩，可能每次按摩半个小时，堵车花在路上及到了按摩房排队等候的时间就要超过三四个小时，这是人们无法容忍的。现代社会最宝贵的就是时间，利用好人们生活工作之外的碎片化时间，给消费者快速便捷地提供服务，是创业人必须要好好思考的问题。

嘎嘎客共享按摩椅就抓住了人们的这一特点，我们将按摩椅放在人流量大的百货商场、汽车站、火车站等地方，在这些地方人们往往需要等待，比如乘坐火车出差，往往需要提前一个小时，在这段时间里，是百无聊赖的，等待是痛苦的，若能在按摩椅上休息一下，按摩一会儿，既缓解了疲劳，又减少了等待的痛苦，消费者会很享受这种惬意的等待。

如果家庭购置按摩椅，不仅费用高，而且利用率也很低。现在的家庭人口较少，最多不超过五口人，大多是三口之家，其中还包括孩子，真正需要按摩的往往是中老年人，这么一算来，一个家庭中真正使用按摩椅的人数只有 2～3 人，而且还不能保证每天使用，可见利用率是非常低的，造成了资源的大量浪费。

共享按摩椅这个项目就解决了资源浪费的问题，提高了资源的利用率，可以让有需要的人共同来使用，实现了资源的高效配置。我认为在未来会有很多类似按摩椅这样家庭使用效率不高，又需要使用的产品会共享出来，这是一种趋势，但是我对于充电宝、雨伞这样的物品共享是不太感冒的，因为这种产品价格较低，一般家庭都会购买，普及率非常高，那么，共享就没有意义了。

权属关系的新变化

我们购买一辆汽车、一套房子，不仅要拥有这辆汽车、这套房子的使用权，更重要的是我们还要拥有汽车、房子的所有权，有些时候甚至是可以不拥有使用权，却必须拥有所有权。比如我们买了房子，并不会去住，可以将房子闲置或者出租，将使用权转让出去。

共享经济模式会使权属关系发生新的变化，一般来说，它通过所有权与使用权的分离，采用以租代买、以租代售等方式让渡产品或服务的部分使用权，提高资源的利用率。如今，分享经济渗透的领域越来越多，除了我们熟知的共享交通，还出现了股权众筹等。

下面我就以滴滴出行为例，来说一说共享经济模式下，权属关系的新变化是如何对人们的出行产生巨大变化的，以及如何创造商业价值的。

滴滴出行最初做的并不是共享经济，而是出租车的信息化，最初我们打车，只能站在马路边等，运气好，很容易就能打到车，运气不好，等半天也打不到车，滴滴最早的想法就是用互联网连接所有路上的交通工具，把用户的需求从线下打车移到互联网上，打造一个高效率的交易平台，用户和出租车司机可以通过互联网实现资源的合理配置，用户可以借助滴滴提供的平台，找到最近的出租车，并进行约车，从而将打车这一线下行为转变到线上来，提高用户的体验。

有过在北京打车经历的人都知道，在上下班高峰期是很难打到车的，此时是用车高峰，几乎所有的出租车上都有乘客，滴滴让出租车实现了信息化，却无法让用户在用车的高峰期叫到车，怎么办？

后来，滴滴又推出了滴滴专车和滴滴快车，试图用此来缓解高峰期打不到车的情况，但并没有好的效果，而且这种办法是行不通的，因为如果在高峰期人人都能打到车，就意味着在低谷期，很多车都要闲置起来。

这就像每年春节去三亚旅游都很难定到酒店一样，夏天去三亚的人很少，很多酒店都会有大量空的房间，如果一味地增加酒店的数量，那么就意味着在去三亚旅游的淡季，很多酒店都要关门，赔钱了。

其实，这就是典型的潮汐式需求，要解决这一情况，就只有采取共享经济模式了，后来，滴滴改变了策略，它的平台吸纳了很多非职业的司机，这些司机可以在上下班和空闲的时间，为用户提供服务，将他们的座位分享出来，比如打顺风车，这样一辆车就可以搭载三四名乘客，如果是打出租车，就需要打三四辆出租车，大大节省了资源，也解决了用户打车难的问题。

我国的一线城市，如北京、上海、深圳，其交通状况是非常堪忧的，人们每天花在上班路上的时间少则一两个小时，多的甚至是四五个小时，有时几里路，因为堵车，却要花费一个小时，导致上班迟到。

如果有几个类似滴滴这样的平台，将供需连接到一起，那么，这个平台就相当于城市出租车、私家车的调度员，实现了高效率的资源配置，既解决了城市交通问题，还达到了节能减排的目的，对于个人来说，也让出行更加便捷。

用户体验最佳

对用户来说，共享经济带来的最大实惠就是体验感大大提高了，因为共享经济大大地降低了交易成本，能够快速、低成本、便捷、多样化的满足消费者的个性化需求。其实，这也是共享经济之所以能够迅速发展，并渗透到各行各样的一个重要原因。

对于那些想尝试共享经济模式的企业而言，在用户体验上下好功夫，那么，什么是用户体验呢？简单地说，用户体验就是用户在使用某一款产品或者某一种服务时的感受，现在是讲究效率的社会，人们在使用某一款产品时，若感到很麻烦，便会放弃使用。比如，看半天产品说明书，没搞清楚产品如何使用，或者在使用某款产品时，程序过于繁琐，让人不舒服。

看看当下共享经济做得非常红火的企业，都将用户体验做到了极致。先来说说 Airbnb，Airbnb 创始人对网站进行了优化，简化了支付流程，租客只需要输入一个信用卡卡号，户主就可以自动收到房费。

户主要将房子租出去，通常需要将房子的结构、家用设施拍摄下来，上传到 Airbnb 上，供租客选择。如果户主自己做这件事，可能无法将房子拍得更漂亮，更专业，Airbnb 急户主所急，只需要一个按键，户主就能预约一个免费的专业摄影师上门拍摄房间照片，非常便捷。

如此方便、快捷、贴心的服务，赢得了很多忠实的用户，这些用户会将自己从 Airbnb 获得的非常棒的用户体验，讲给身边的亲朋好友，让更多人知道 Airbnb，享受到 Airbnb 的贴心服务。

Uber 同样是一个将用户体验做到极致的企业，它既考虑乘客的感受，又兼顾了司机的感受，使用杠杆经济来平衡乘客与司机的用户体验：一方面让乘客获得舒适的乘车服务，另一方面让司机获得最想要的劳动报酬。所以它才能够进入中国市场之后，就迅速做到了同行业的第二把交椅。

产品的核心能力是帮助用户解决他们某一方面的需求，如解决问题、提升效率、节省时间等。受到 Airbnb、Uber 等企业的启发，我在做嘎嘎客共享按摩椅时，就从客户的角度进行考虑，在付费方式上做了很大的改进。

现在很多商场都有供儿童玩耍的游乐园，有些传统游乐园在玩之前，需要用现金购买游戏币，投币之后才能玩某一个到娱乐项目，这不仅需要游乐园方需要雇佣人员来负责给用户换游戏币，还需要对游戏币进行管理，比如到一定时间，就要去清理游乐设施里的游戏币。对用户来说，这是非常繁琐、令人不爽的程序，因为很多人兜里都已经不带现金了，有手机可以用微信支付，或者用支付宝，根本不会带零钱。

站在用户的角度考虑，我们简化了支付程序，只需要扫码就可以支付，不需要用户带零钱，更不需要找零，对于我们自身来说，也节省了雇人的开支。

其实，不只是共享经济，任何一种经济模式，只有将用户放在首位，以用户的思维去思考经营模式，才有可能获得成功，那些以产品为思维的企业必将走向失败。一旦用户认可了你，就会在人群中传播开来，形成良好的口碑，极大促进企业的发展。

我非常认同这句话：从互联网时代用户体验来说，用户对产品是：3秒站点印象，30秒了解产品，3分钟了解产品价值，3天认同站点，3周使用习惯，3月口碑效应，3年品牌认同。

不求拥有，但求所用

在传统经济中，我们花钱要购买一件商品，要拥有这件商品的两种权利，一种是使用权，一种是拥有权，这两种权利是不能分割的。

比如，我买了一台按摩椅，即使我平时不怎么用，我依然会把它摆放在家里占地方，也不会将它与别人共享，不会允许那些需要按摩椅但我并不熟悉的人使用，这就造成了资源的浪费。就我自己而言，这台我并不怎么用的按摩椅也成了"负担"。

一方面有人有按摩椅却闲置，一方面有人需要按摩椅，却没钱购买，如果能将拥有权和使用权分开，这对矛盾就能很好地解决，这就是共享经济。所以说，传统经济学只解决"你的是你的"，但是"你的不是我的"，共享经济甚至解决了"他的是我的"这一问题。

共享经济"不求所有，只求所用"，它较好地满足了人性中固有的社会化交往、分享和自我实现的需求，也顺应了当前人类环保意识的觉醒。共享经济会逐渐渗透到我们社会生活的各个方面，因为随着互联网的普及与发展，每个人都可以借助互联网这个工具将自己的知识技能分享出去，让更多人利用空闲时间就可以实现在线学习教育。

我有一个朋友，他家孩子上三年级，学习成绩不是很好，处于中下等，他想给孩子报辅导班，但平时他和老婆工作都很忙，因为做得是销售工作，周末也经常加班，需要拜访客户，根本没有时间定点接送孩子，怎么办？后来，他给孩子购买了网上学习课程，不用出门，就可以在家实现名师辅导。

奇虎 360 公司董事长周鸿祎曾写道:"我把思想、价值观、方法论分享出去,有点像《让子弹飞》里,你给别人发枪,就能发动大家去打一场人民战争。更多人拥有了思想,就有了时代改革创新的思想武器。"

在移动互联网高速发展的今天,分享不仅仅是一种思维模式,更是一种可以创造巨大价值的经济模式,在传统经济模式中,一件产品要流通到消费者手里,往往要经过"劳动者——企业——消费者"这样一个过程,而共享经济模式则不同,其过程是"劳动者——共享平台——消费者"。

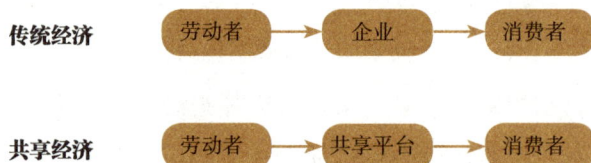

传统经济 劳动者 → 企业 → 消费者

共享经济 劳动者 → 共享平台 → 消费者

在共享经济模式下,共享平台将社会上闲置的资源进行重新整合,重新分配,使资源得到了最大限度的应用,使传统依赖生产解决供需矛盾的方法逐渐失效,也就是说,人们面临的主要问题不再是产能不足,而是资源分配不均,通过共享平台的资源再分配,可以将过剩的产能达到最大限度的平衡,从而创造新的价值。

可能在一些人的思维中,只有实物资源才是商品,其实不然,知识和思想同样可以是商品,虽然它不能像实物商品一样量化、精准化,但价值却是不可估量的。一位名师通过平台将知识传授给更多的学生,那么,他的一节课价值几何?又怎样的评估标准呢?往往无法量化,但其价值却是不可估量的。

归根结底,共享经济的背后是社交需求,共享平台本身不是为了赚钱而是发展社交,这对传统经济是一种颠覆。在传统经济中可以实现垄断,但共享经济则是打破垄断的最好杀手锏,中国有无限大的经济规模,未来共享经济会拥有一个十分美好的前途。

第四章　共享经济的应用领域

共享出行

什么是共享出行？简单地说，就是以打车软件、共享单车为代表的一大批创业项目，共享出行模式一方面满足了消费者"求而不得"的驾驶需求，另一方面，又避免了车辆因闲置而导致资源的浪费，可谓是一举两得，因此受到公众的青睐。

（一）共享出行的发展

共享出行在我国的发展时间并不长，不过七八年的时间，2010年，基于LBS技术的移动互联网出行服务才开始发展起来，在2010年到2012年这几年时间，有10多家平台先后建立，比如滴滴出行、易到用车等，都是在2010年成立的。

在2013年以前，共享出行主要是国内企业之间的竞争。到了2013年，Uber进驻亚洲，立马让中国市场硝烟四起，竞争日趋激烈，各大平台开始疯狂地抢夺用户，这场竞争是惨烈的，很多中小平台在2013年、2014年这两年间消失了。

长时间的内斗、互相消耗，让很多共享出行平台意识到，与其这样厮杀两败俱伤，不如抱团取暖。2015年2月14日，滴滴快的宣布合并，结束了补贴大战，并开始占据市场主流地位，2016年8月1日，滴滴出行宣布与Uber全球达成战略协议，滴滴出行将收购Uber中国的品牌、业务、数据等全部资产在中国大陆运营。至此，滴滴出行真正成为行业里的老大。

说到出行，人们可选择的方式有很多，我可以驾车，也可以骑单车，所以，滴滴出行、易到用车等只提供汽车需求的平台，并不能完全满足用户的需求，因此摩拜单车和 ofo 等共享单车企业应运而生。

摩拜单车，英文名 mobike，是由胡玮炜创办的北京摩拜科技有限公司研发的互联网短途出行解决方案，是无桩借还车模式的智能硬件。人们只需要通过智能手机就能快速租用和归还一辆摩拜单车，花少量的钱就可以在市内完成短途出行。

ofo 小黄车是一个无桩共享单车出行平台，缔造了"无桩单车共享"模式，致力于解决城市出行问题。人们只需要在微信公众号或 App 扫一扫车上的二维码或直接输入对应车牌号，就可以解锁骑行，也可以共享自己的单车到 ofo 共享平台，获得所有 ofo 小黄车的终身免费使用权。

自 2015 年 6 月，ofo 小黄车启动以来，它已连接了 1000 万辆共享单车，累计向全球 20 个国家，超 250 座城市、超过 2 亿用户提供了超过 40 亿次的出行服务。

如今，共享出行的形式有单车，也有汽车，说不定在未来，还会出现共享平衡车、共享私人飞机、共享游艇等。总之，我认为共享出行的形式会越来越丰富，只要有多样化的出行需求，多样化的共享出行方式就会越来越多。

（二）共享出行方式

共享出行应该包括两个方面：硬件共享与服务共享。

硬件共享是指不需要司机，比如共享单车，人们只需要租借硬件（单车），为使用硬件买单就可以了，这样的平台有摩拜单车、ofo 小黄车、神州租车、途歌等。

服务共享是指需要司机提供服务，用户为服务买单，比如拼车、代驾等。目前提供此类服务的平台也有很多，如滴滴出行、快的打车、嘟嘟巴士、嘀嗒拼车、爱代驾等。

下面我们再来看一下，当下有哪些共享出行的方式，按照出现时间先后顺序排列，分别是共享单车、网约车、共享汽车。

1. 共享单车

2007 年，由国外兴起的公共单车模式开始引进国内，由政府主导分城市管理，多为有桩单车。

2014 年，北大毕业生戴威与 4 名合伙人共同创立 ofo，致力于解决大学校园的出行问题。2015 年 5 月，超过 2000 辆共享单车出现在北大校园，现在已经有超过 30 家企业参与到共享单车的生意中来，行业的龙头老大当属摩拜和 ofo，用户人数最多，此外，还有小鸣、优拜、骑呗、永安行等平台。

2. 网约车

最早的网约车诞生于 2010 年，即易道用车。2012 年国内第一款打车软件摇摇招车上线，之后，各种打车软件如雨后春笋般涌出。2014 年，Uber 进入中国，加剧了国内网约车的竞争，企业间竞争非常激烈。2016 年，滴滴与 Uber 中国合并，成了网约车行业的老大，占据了垄断地位。

3. 共享汽车

2013 年在上海推出 EVCARD 电动汽车分时租赁服务，标志着共享汽车在中国发展的开始。2016 年，众多汽车厂商加入竞争，如上汽集团、首汽集团、力帆集团、戴姆勒等，已经超过 20 家，但目前使用的用户较少，相比之下，EVCARD 和 GOFUN 出行的用户覆盖率、活跃度最高。

共享空间

空间按照用途来划分：用来办公的空间称为写字楼；用于自己居住的称为住宅；用来出租，给别人提供住宿的，可以称之为公寓或者酒店。在人们传统的思维里，大部分空间都属于私属空间，随着共享经济的渗透，共享空间成了当下的热点，不少企业开始做起了共享空间的生意。

这几年，"众创空间"成了网络新词，什么是众创空间呢？百度百科上是这样解释的：众创空间是顺应创新 2.0 时代用户创新、开放创新、协同创新、大众创新趋势，把握全球创客浪潮兴起的机遇，根据互联网及其应用深入发展、知识社会创新 2.0 环境下的创新创业特点和需求，通过市场化机制、专业化服务和资本化途径构建的低成本、便利化、全要素、开放式的新型创业公共服务平台的统称。

简单地说，众创空间就是为广大用户提供的办公场地，并建有完善的培训服务配套设施，比如有会议室、项目洽谈室、领导接待室、培训教室、大小不同型号的办公室等。其实，早在"众创空间"一词提出来之前，就有很多空间在做类似的事情，如孵化器、商务中心、联合办公等。

除了办公空间共享之外，长租公寓和民宿等私属空间也被拿出来共享，当下民宿是非常流行的，中国以家庭为单位的自由行用户更倾向于高品质的旅行，而住宿体验往往是决定旅行愉快与否的重要因素，所以，现在有越来越多更具特色、更多样化的民宿盛行。

我有一个朋友去年结的婚，他将结婚的地点定在了巴厘岛，早早地在某民宿上预订了一家巴厘岛的悬崖别墅，邀请了亲朋好友，一起见证他们的幸福，旅游结婚两不误。那里的环境非常好，房子面朝大海，随时都能呼吸到海浪的气息，别墅外还有一个超大的游泳池。唯美浪漫的婚礼给每一位来宾都留下来深刻的印象，朋友说，在梦幻般的地方举办这样一场婚礼，是他一辈子最幸福的时刻。

如今，随着人们生活品质的提高，旅游结婚的人越来越多，这种民宿形式的共享空间会越来越受欢迎。有人说，更大的一种共享实践是彻底打破原有功能的限制，比如，将机场、医院的等候区做成咖啡厅，菜市场里可以吃饭等，这是空间升级的一种方向。

说到共享空间的升级，不得不提一个人物，那就是毛大庆，他做了一个对标联合办公的优客工场，又延展出了一个共享际，什么是共享际呢？

共享际是致力于为用户提供一站式的"工作、居住、娱乐"城市共享生活平台以及资产运营平台。通过线上线下生活体验的联通，工作与生活圈的融合，创意潮流 IP 内容的落地，以及国际化创造性社群的链接，打造全新生活方式平台。

这样一来，空间中承载的内容就变得多维，多维则意味着多种交互关系的重建，即建立起更牢固的生态系统，不要简单地认为，共享际就是做出来一个两千多平方米的样板间，要知道这样的空间价值是不能用平方米来计算的，它的估值要远远高于原有的价值。

关于共享空间，目前有些人还存在着一些误区，比如有的人认为共享空间就是"二手房东"，像一些"整批零卖"的地产商，我认为他们只学到了共享空间的皮毛，并没有领会到其精髓，正确的做法应该是基于共享办公创造出更大的服务价值。

我个人觉得共享空间还需要有创意，结合你所在位置的特点，与消费群体的需求，制定出符合市场需求的方案。重庆的光电园赛伯乐共创空间里有一个非常有趣的"5 睡共享睡眠空间"，它主要用于给白领提供午睡。

"5 睡共享睡眠空间"设施的外形看上去很像太空舱，共有 4 个舱位，每个舱位内设充电插座、免费 WIFI，宽 1 米、长 2 米左右。开启舱门时，空调自动开启。离开后，抽风机自动换风，每半个小时收费的价格 6 ~ 10 元，目前已经有开发商、大公司找到该项目的创始人，希望把共享睡眠空间引进到办公楼甚至商圈。

我个人认为这个项目很有趣，很有投资价值，但卫生与安全将是这个项目重点要解决的问题。该项目的负责人对此也做了精心考虑，比如，实现现场身份认证扫描验证，采用阻燃材料防火，使用一次性纸床单、枕套、耳塞和空调毯等。

遗憾的是，共享睡眠空间在一些大城市刚刚开始出现，就被有关部门叫停了，其原因也和预想的一样，就是卫生与安全不过关，无法取得相关资质。

总之，共享空间绝不是简单的"整批零卖"这么简单，增加原有空间的价值，运用互联网思维，建构共享空间的多维性，才是最重要的。

共享金融

金融与互联网模式的相互渗透，促使了金融共享经济的诞生。众所周知，金融的本质是在聚集资金后的运用中创造更多的价值，最常见的金融行为就是银行贷款。很多企业在遇到资金周转不开的情况时，如果不向银行贷款，企业就无法正常运作，若贷款成功，企业就能渡过难关创造更多的价值。

　　不过，企业在向银行贷款时，往往有很多条件的限制以及繁琐的程序。从申请贷款到拿到贷款这段等待的时间里，企业就有可能错过最佳的市场时机。那么，共享金融的出现是否能改变这种现状，缓解小企业的困局呢？

　　在回答这个问题之前，我们首先来了解一下什么是共享金融？金融共享经济通过互联网平台快速高效搜寻和撮合资金的供需方，加快资金的周转速度，最大程度发挥了资金的使用价值，让更多人享受到金融服务。共享金融强调的是让更多的群体能够享受到金融服务，通过资源的合理运用，实现经济价值的最大化产出。

　　要理解共享金融这个概念，要从资金端与资产端两个方面来理解。先来说资金端，也就是出借人一方，是投资挣利息收益的一方：这些人手中有闲钱，但没有投资项目，把钱存进银行，利息还抵不过通货膨胀，如果此时他听说了一个十分靠谱的互联网金融平台，收益率高于银行，那么，他们就会将闲置的资金投放到该平台，实现财富增值。而资产端是指通过平台连接的需要资金的企业或者个人。

　　像某些企业有可以赚钱的项目，但是没有充足的现金流，如该企业需要购置 100 万元的生产原料，但手里只有 30 万，还有 70 万元的亏空，怎么办？

　　以前企业只能向银行贷款，但现在可以通过互联网金融平台筹集资金，不需要漫长的等待，可以在几个小时内就筹措到 70 万元的资金，有些平台甚至可以实现秒到账。这样企业就可以用钱购买生产原料，将产品生产出来，赚得的利润就可以与投资人分享收益，如果企业没有盈利的话，通常需要按照高于银行的收益率来补足投资人。

　　由此可见，共享金融有着金融的本质，对于投资人与企业来说，都是受益者，一方获得了高于银行利息的收入，一方获得了自身发展的资金，从而实现了对社会资源的合理配置。

目前，我国共享金融经济主要有两种模式，一种是 P2P 网贷模式，一种是众筹模式。P2P 网贷也就是我们说的网络借贷，是指个体和个体之间通过互联网平台实现的直接借贷，2012 年，我国的是 P2P 网贷平台呈现出井喷的态势，目前总量已经突破 3000 多家，比较活跃的平台依然有三四百家之多。

众筹模式，是指一种向群众募资，以支持发起的个人或组织的行为，一般通过网络上的平台连结起赞助者与提案者，通过众筹得来的资金被用来支持各种活动，如灾害重建、民间集资、创业募资、设计发明、科学研究以及公共专案等。

众筹利用互联网和 SNS 传播的特性，让小企业、发明家或个人对公众展示他们的创意，获得大家的关注和支持，进而获得所需要的资金援助。现代众筹相对于传统的融资方式，更为开放，能否获得资金也不再是由项目的商业价值决定的，只要网友喜欢的项目，都可以通过众筹方式获得项目启动的第一笔资金，这样一来，就为更多小本经营或者创作的人提供了帮助，尽快实现了梦想。

目前，在投资、融资和支付领域，共享金融才刚刚起步，并且尚以新生金融机构为主，广大传统机构尚处于按兵不动的阶段，但这一趋势已经形成，无法逆转，我认为在不久的将来，共享金融一定会以超出人们预料的速度呈现出井喷式发展的态势。

曾有人预测，到 2020 年，共享金融将发展出丰富的生态圈，细分出巨量业务，总规模将达到数以万亿元计；也有人说未来有一天大部分银行将消失，未来的发展究竟是什么样子的，很多时候往往超出我们的想象，但不管怎样，这是一种好的趋势，一种积极向上的方向。

共享美食

　　之前，听说一个笑话，说 A 想请人吃饭，就打电话给 B 说，我准备好了东西，你顺带买点蔬菜就可以了，然后又打电话给 C 说，就差 5 斤羊肉了，你把羊肉买过来，就可以吃饭了，接着又打给 D 说，我的火锅料不够了，你买点火锅料过来吧。那么，A 有什么呢？他只有一口锅，这是不是就是共享美食的雏形呢？

　　说到共享美食，大多人头脑里想到的就是一群朋友在一起吃饭喝酒，但是对于陌生人来说，这样的共享美食施行起来就比较困难，因为大部分是不会喜欢和陌生人一起吃饭的，谁愿意和一个陌生人共吃一盘菜呢？

　　那么，共享美食经济该如何实现呢？ OpenTable 是美国一家网上订餐平台，创立于 1998 年，消费者可以通过他们的应用查看附近餐厅、菜谱和评价，并预订座位，OpenTable 则通过向餐厅收取一定费用来实现收入。

　　在国内，也有类似于 OpenTable 这样的平台，从 2014 年开始，好厨师、爱大厨、烧饭饭、回家吃饭等应用软件纷纷上线，通过第三方平台，具有一定厨艺技能的人们可以充分发挥自己的特长，在闲暇之余为他人提供高品质的美食，同时又能获得一定的收入，可谓是一举两得。

　　在目前的共享美食平台中，我认为最具特色的当属回家吃饭，"回家吃饭 APP"是基于 LBS 连接家庭厨房和消费者的第三方美食体验平台。这个平台是利用社区内闲暇中年人的烹饪能力共享家庭厨师，将菜肴以外卖的形式送到办公场所，更好地满足消费者对健康饮食和"家"的味道的需求。

简单地说，就是厨房端用户以闲暇在家的普通居民为主，客户端则主要以白领和不愿意做饭的年轻人为目标客户，厨房端则提供堂食和特定距离配送外卖，来满足顾客的不同消费需求。

"回家吃饭APP"自从2014年10月上线以来，在北京、广州、深圳、杭州、武汉、上海六大城市已拥有数百万注册用户，市场前景非常广阔。

目前，共享美食经济又衍生出一种将吃饭与招聘相结合的方式。在谈这个话题之前，我先来说一说巴菲特午餐，它是和股神巴菲特在纽约知名的牛排馆共进午餐的活动，这个活动第一次举办于2000年，如今已经十多个年头了，每次与巴菲特进餐的价格也是越涨越高，如下表所示：

历年巴菲特慈善午餐中标一览

年份	中标人	价格（美元）
2000	PeteBudlong	25000
2001	拍卖行HeritageAuctionGalleries董事长JimHalperin、收藏家ScottTilson	20000
2002	拍卖行HeritageAuctionGalleries董事长JimHalperin、收藏家ScottTilson	25000
2003	DavidEinhom绿光资本首席执行官	250100
2004	JasonChoo,新加坡宝石公司GemsTV首席执行官	202100
2005	匿名人士	351100
2006	段永平，步步高公司董事长	620100
2007	HarinaKapoor、PabraiInvestmentFunds合伙人MohnishPabrai蓝宝石资本创始人GuySpier	650100
2008	赵丹阳，赤子之心资产管理有限公司总经理	2110100
2009	CourtenayWolfe，加拿大对冲基金SalidaCapital首席执行官	1680300
2010	TedWeschler,对冲基金PeninsulaCapitalAdvisors创始人	2626311

续表

年份	中标人	价格（美元）
2011	TedWeschler,对冲基金PeninsulaCapitalAdvisors创始人	2626411
2012	匿名人士	3456789
2013	匿名人士	1000100
2014	AndyChua,新加坡美容连锁AmesUnited董事长	2166766
2015	朱晔，天神娱乐董事长	2345678
2016	匿名人士	3456789
2017	匿名人士	2679000

　　可能有人会说，就和巴菲特吃一顿饭，就花上好几百万美元，也太不值了。其实不然，与巴菲特吃饭的人大都是"醉翁之意不在酒"，并不是吃饭这么简单，这顿饭的商业价值难以估量。

　　2015年天神娱乐董事长朱晔以234万美元的价格拍下了巴菲特午餐的机会，在此之前，知道朱晔的人并不多，而且拍下巴菲特午餐引起了更大的争议，因为天神娱乐只是一家在中国A股中小板上市的公司，最新年度净利润仅有1.08亿元，所以，在朱晔以234万美元的价格拍下巴菲特午餐后，被网民指责为拿着股民的钱乱花。但事实证明，朱晔的决策是对的，在他与巴菲特共进午餐之后，公司的股价从66元左右一路涨至最高峰的125元左右，此间的股价涨幅近90%，一下子就让他赚得盆满钵满。

　　兜了这么一大圈，我要讲的这个平台与巴菲特的饭局有着相似之处，我有饭是一个美食共享平台，该平台不仅给人们提供餐食，更重要的是，这种"私厨共享经济"除了共享美食外，还能共享时间和机会。

　　2016年4月，我有饭与智联旗下的高端招聘网站智联卓聘达成合作，开启在饭桌上面试的全新招聘模式，通过一顿饭的时间让用人单位和应聘者互相了解对方，这就是共享美食中的一种饭局共享。

　　与回家吃饭、好厨师、爱大厨等其他私厨共享平台不同，我有饭的私房菜分享定位更加高端，并不是把闲置的时间共享出去做一些家常饭菜，而是融入了大量的社交因素。我有饭的私厨都是各行各业的精英，但他们都爱烹饪美食，而且想在我有饭平台上组饭局，要经过平台的层层审核。

我有饭平台上的私房饭局定价相对较高，大部分饭局的个人单价大约在 200 元左右，这也透露出一种信息，那就是我有饭的目标是拥有一批高消费能力的用户，我有饭的饭局也不但是一种单纯吃饭的活动，更大的意义在于在挖掘这个社交活动上所产生的价值。

比如，我有饭曾做过一期投资人饭局，虽然吃一顿饭几百元的价格相对较高，但是能接触到那些时间很宝贵的投资人，对于那些有需求的食客来说是非常值得的，这是不是有点像巴菲特午餐呢？

或许，在未来共享美食的关注点并不在美食上，更多的是商业价值，我认为这应该是一种趋势。

共享医疗健康

最近流感肆虐，有不少孩子中招，朋友家的孩子发高烧，凌晨 4 点钟去北京儿研所看病，看完病回到家已经是晚上七八点钟了，也就是说看病的时间花去了十五六个小时，耽误功夫不说，看着孩子发烧，得多着急上火啊！

如果有一天，我们看病也能像定快餐一样方便就好了，感冒发烧了，给某个就医平台打个电话，不用起大早去医院排队，也省去了等候的宝贵时间，只需和医生预约个时间，在家等候医生上门就可以就医了，该多好啊！

这听上去是不是有点天方夜谭？不！这种共享医疗健康是未来的一种

趋势，走入寻常百姓家只是时间问题，而且在美国纽约，坐在家里等着医生上门来诊治已经成为现实。患者可以享受众多医生通过预约平台提供的按需服务，提供此类服务的平台有 Heal、Pager、MediCast 等。

以 Pager 平台为例，患者只要有需求就可以通过移动应用来预约医生，公司会从签约医生中挑选一位与患者达成 1 对 1 连接，并在 2 小时内提供上门服务。现在我国有些职场精英连看病的时间都没有，过劳死、猝死的精英已经屡见不鲜，如果共享医疗在我国大范围开展，对于没有时间去医院排队的职场精英来说，意义将十分重大，既可以节省时间和精力，还可以享受定制化医疗服务，对于医生来说，也可以获得额外的收入。

在美国，共享医疗不仅包括看病，还包括健身场馆及健身教练的分享使用。如 ClassPass 是一家坐落在纽约能在 2000 多个不同的工作室和高端健身房提供无限健身课程的公司，消费者只需要每个月支付 99 美元的会费，就可以在 20 个城市 2000 多个不同的工作室和高端健身房参加无限的健身课程。听上去是不是很诱人呢？

就我国目前的医疗现状来说，共享医疗是应对看病难，解决老百姓最棘手、最迫切的问题而带来的便利方法。去医院看病，挂号难，好不容易挂上号了，问诊、检查、缴费、取药，去每个窗口都是人头攒动，排的队伍望不到头。由此看来，共享医疗在我国还是非常有前景的。

2017 年 6 月，浙江省卫生计生委批复同意了一种全新的医疗资源共享模式——全国首家"MedicalMall"（医疗商场）在杭州核心商圈开业，目前 MedicalMall 里共有 13 家医疗机构，杭州全程健康医疗门诊部为其提供检验、病理、超声、医学影像等医技科室及药房、手术室等共享服务。

最有意思地是，"MedicalMall"将购物与医疗有机地结合起来，在杭州大厦 501 城市生活广场，地下 1 至 5 层为购物区，6 至 22 层则全部都是医疗机构。人们可以在逛街购物的同时享受医疗服务。

以前，我们一说到去医院就医，就给人紧张感。而现在却是去医院购物，可以先逛商场，买个痛快地买买买，然后再去看病，是不是就能缓解就医的紧张感了呢？

目前，在我国共享医疗健康还是个新鲜词，要实现医疗共享必须具备一定的条件：

第一，实现医疗人员的共享。据权威部门统计，我国有约 14.4% 的医师每周工作时间在 40 小时以内，即每日工作时间低于 8 小时，全国大概有近 42 万的医生能够在工作闲时进行共享。这一点好像与我们看到的医院人满为患有些出入，其实，那些人满为患的医院大都是大医院，一些小医院，医生和护士的资源闲置现象还是比较普遍的。

第二，实现医疗设备的共享。据统计，我国基层医疗设备的使用率不足 40%，这也为医疗设备的共享提供了有利条件。

第三，病床资源。全国的大医院，尤其是三甲医院，一床难求现象比较普遍，病床使用率早就超过了 100%，连楼道里都塞满了病床，但二甲医院的病床使用率就没有那么高了，只有 88%，更低一级的医院病床使用率只有 60%，如果能够将二甲医院、一甲医院与基层医疗机构的床位合理利用起来，分享病床也不是问题。

可以说，在我国实现共享医疗健康的条件已经基本具备，但一些问题还阻碍着共享医疗的实施：政策法规还不完善，有些规定限制了共享医疗的发展；医保体系还没有打通，大部分医疗分享活动无法纳入社会基本医疗保险体系。

由此看来，共享医疗健康在我国还有一段路要走，不过目前已经出现了一些可喜的变化，出现了一些医疗共享的互联网应用，比如在线问诊、互联网多点执业、医疗设施分享、医护上门等模式正在兴起，但受限于医疗体制机制，加上民众传统观念的影响，共享医疗还尚未普及。

我相信有一天，当这些瓶颈都打破以后，我们会像共享单车一样去享受共享医疗带给我们的方便与快捷，再也不用为上医院看病发愁了。

共享公共资源

说到共享公共资源，可能很多人头脑里第一个想到的就是 WiFi。现在一些城市都有了免费的 WiFi，行走在大街上也可以不花自己的流量，自由上网，不过免费蹭网的地方主要是在城区，若是一些偏僻的地方，目前还无法实现资源共享。

这一节，我们探讨的共享公共资源，其实，除了 WiFi，还有很多可以共享的公共资源，不过，在我国共享公共资源的发展还处于探索起步阶段。下面我给大家介绍两家美国公司，一个是 SolarCity 公司，一个是 OpenGarden 公司。

SolarCity 公司成立于 2008 年 10 月，是一家专门发展家用光伏发电项目的公司，该公司主要业务是购买闲置太阳光伏系统，然后租给用户并提供安装等周边服务，通过周边服务的附加值将产品提价并从用户手中赚取差价。

"OpenGarden" 从字面理解就是开放的花园，OpenGarden 公司的目标就是建立一个大家都可以共享 Wifi 的网络，手机、平板等设备安装后，每台设备都可以变成一个 Wifi 热点，同时相互连接就形成一个庞大的 Wifi 网络，由此看来，每台设备就犹如一株花，无数株花组合在一起，就成了一个 OpenGarden。之后，该公司又推出了不要网络也可以发送消息的应用软件 FireChat。

公共资源的共享可以让很多分散的用户与数据瞬间成了可利用资源，

又不会造成资源的过剩，使资源更加均匀的分配，在未来是非常值得推广的节能方式。在我国共享公共资源虽然还没有国外那么发达，但已经有公司开始尝试这种新型的经济模式，如中国平安集团推出的平安 WiFiAPP。

随着移动互联网的高速发展，用户对无线网络的覆盖要求越来越高，手机已经不再是接打电话功能这么简单，更多的是人们了解信息、工作不可或缺的工具，所以，无论是在咖啡厅喝茶，还是在医院候诊，都离不开 WiFi。但是以流量计费的 2G、3G、4G 网络费用太贵了，虽然有些公共场所已经实现了免费的 WiFi，如去医院就诊，医院往往有免费的 WiFi 提供，但是稳定性很差，经常会出现断网，网速慢的情况。

平安 WiFiAPP 则很好地解决了用户的这一困惑，也是首个实现全球覆盖的免费 WiFi 应用用户，通过在移动终端设备上安装平安 WiFiAPP，搜索附近支持的无线网络，就可以实现 WiFi 热点的接入，为中国广大的移动互联网用户提供免费便捷的上网服务。以 2015 年为例，平安客户 2015可全年免费使用 WiFi 流量，非平安客户可免费共享 5 亿小时的上网时长。

用户登录平安 WiFi 后，就可以免费自动连接，覆盖千万个场景，比如火车站、高铁、机场、商场、公交车、码头等，简单地说，就是你走到哪里，都可以畅快地上网。

可能有人会说，平安集团让这么多人免费来使用 WiFi，有什么好处呢？俗话说，天下没有免费的午餐，平安集团推出平安 WiFi，让人们免费使用，看似是一个赔本的买卖，但仅以获取了大量的用户一点，其背后的商业价值便无法估量。

在移动互联网时代，最宝贵的资源就是用户，得用户者得天下。

2018 年年初，今日头条推出"百万英雄"这个游戏，用户只需答对 12 道题，就可以瓜分数百万的奖金，每天发放的奖金额就高达几百万，之后又推出了发财中国年的活动，10 亿现金抢不停。其实，这种活动就是在抢用户，吸引大家都来注册今日头条，当今日头条的用户越来越多时，便能创造更高的商业价值，其中广告收入就是一块"大蛋糕"。

言归正传，共享公共资源在我国虽然起步较晚，但这种顺应潮流的发展，是不可逆转的，而且就节能角度来说，共享公共资源很大程度减少了浪费，无论是从商业价值来说，还是从环境保护的角度来说，都是非常值得期待的。

共享知识教育

近年来，共享经济已经成为互联网项目发展的一大趋势，而在实物资源走入共享经济之后，知识技能等无形资产也成了共享经济的发力点，人们一直在呼吁地"知识变现""内容付费"正在变为现实，目前有不少平台开始朝着这两个方向探索。下面我给大家介绍几种非常不错的共享知识教育平台。

（一）在行

在行是非常有代表性的知识共享平台，上线时间为 2015 年 3 月 13 日，是果壳网旗下知识技能共享平台，主要是针对职场、创业、生活、理财、教育等多个方面打造行家与用户之间的信息交流平台。用户在线上通过 PC、移动端 APP 提交需求，就可通过线下见面或者远程通话的方式享受服务，服务模式可以是一对一、团课等，目前已经上线城市主要是一线城市，如北京、上海、广州、深圳等。

（二）中国知网

中国知网面向海内外读者提供中国学术文献、外文文献、学位论文、会议、报纸、年鉴、工具书等各类资源统一检索、统一导航、在线阅读和下载服务。

（三）好知网

好知网是一个专注于生活技能和兴趣爱好的知识分享新社区，2011年10月1日正式开放，它是一个新型的知识分享平台，不同于传统教育观念，提倡人人皆可为师，通过这个平台，你可以找到你身边的知识达人，从他们身上学习所需的技能。

当然，你也可以通过这个平台将你所学的知识，所掌握的技能分享给他人，目前好知网有千余门课程，提供从生活到职业技能的各种知识，包罗万象，应有尽有。

（四）猿题库

猿题库是一款手机智能做题软件，上线时间为2013年，目前已经开通公务员行测、司法、考研政治、申论、一建和法律顾问6个题库，已经

完成对初中和高中所有年级的全面覆盖，该软件还针对高三学生提供了总复习模式，涵盖全国各省近年的高考真题和模拟题，并匹配各省考试大纲与命题方向，用户可以按照考区、学科、知识点自主选择真题或模拟题练习。

（五）粉笔网

粉笔网是一个面向教育行业的互联网社区，是一个专属教育培训老师和学习者的互动平台，在该平台可以关注全国各地的知名老师，并与其互动、下载名师原创的第一手学习资料。目前，粉丝网已经有 9 个大类、56 个领域，该平台的目的是让老师能得到推广，让学生能找到自己满意的老师。

（六）多贝网

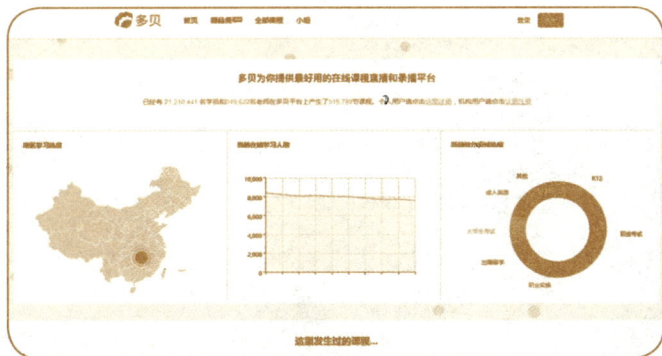

多贝是我国最大的视频公开课网站，有最全面的网络公开课课程，是具备在线教学功能的网络教室，在该平台上，你可以找到最好的老师和课程，也可以发布自己的公开课。

值得称赞的是，多贝网不仅可以为教学者和培训者提供免费、方便、好用的网络教室工具，还支持学生举手、发言功能，模拟真实的教学场景。

目前，我国的知识共享平台有很多，除了以上介绍的平台外，还有网易公开课、微吼直播、百度传课、商刻、自得、空格、优点、带头等等。这些平台的竞争是非常激烈的，在共享经济大潮下，很多知识共享平台纷纷涌现出来，但也有因经营不善倒闭的。

如 8 点后，这是一个专注于提供在线求职辅导及职业发展经验分享的平台，上线于 2014 年 6 月，运营了不足两年时间，于 2016 年 3 月关闭。

还有答赏平台，这是一个面向中小企业的咨询平台，主打"干货 + 人脉"社区，2015 年 3 月获得天使轮融资 1000 万元，用户缴纳年费后就可以成为会员，无限制的在答赏上浏览大咖们的交流信息及同大咖互动，也可以通过付费模式向大咖进行咨询。此外，答赏还开通了线上快速问答和线下邀约竞拍午餐时间的模式。遗憾的是，目前答赏官网及 APP 已停止运营。

通过以上的盘点，我们可以发现目前共享知识教育平台虽然很多，但同质化比较严重，要想做好此类平台，我认为有两点非常重要：一是分享者的能力，分享内容的质量，这需要平台的严格把关，不能允许未经审核的分享者及内容在平台上分享；二是平台服务水平，给用户一个良好的服务体验，将是平台能否生存得更久的重要因素。

共享任务服务

在以前，假如你需要做一个招商策划案，但你本人不会做，做不好，那么，我们就需要找专业的文案策划公司，请他们来帮忙解决。现在有了共享任务服务平台，我们无需寻找专业的文案策划公司，只需将任务发布到共享任务服务平台，就会有人为你解决，你只需要支付一定的费用即可。当然，你也可以在该平台上，利用自己的专业技能，帮助别人解决问题，并获取一定的报酬。

美国的 TaskRabbit、Zaarly 都是任务共享平台，我国的威客就是此类企业。从发布任务者的角度来说，借助共享任务服务平台解决问题，速度更快、成本更低，对于接受任务的人来说则可以赚些外快，在这种模式下，公司也将更"轻"更扁平。

下面我主要介绍两个共享任务服务平台，都是大家非常熟悉的，一个是威客，一个是猪八戒网。威客是一种全新的大众化 SOHO 办公方式，以任务中国为例，它是中国威客行业的领导品牌，也是国内威客最多的威客网站，致力于帮助雇主（中小企业和个人）将主营业务以外的项目找到适合的工作者合理的完成，同时也为广大社会闲余劳动力创造了工作的机会。

任务中国的用户分为两种，雇主与工作者，雇主就是需求等待实现的人群，工作者主要是自由职业者、中小企业、工作室等，他们为雇主解决需求，该平台非常注重网络安全与诚信机制，所有参加任务的工作者都需要通过身份证、银行卡或企业营业执照的实名认证，从而确保雇主的权益，目前任务中国已经有数千万的用户。

再来说一说猪八戒网，这是一个中国领先的服务众包平台，创建于2006年，服务交易品类包括创意设计、网络营销、网站建设、生活服务、文案策划等多个行业，该平台有千万服务商为企业、公共机构和个人提供定制化的解决方案。

最近几年，猪八戒网的发展非常迅速，取得了令人瞩目的成绩，2011年，猪八戒网获得了 IDG 投资并被评选为中国 2011 年度"最佳商业模式十强"企业；2015 年 6 月，猪八戒网分别获得来自重庆北部新区和赛伯乐集团的 10 亿元、16 亿元融资，计划打造全国最大的在线服务电子商务交易平台，完成融资后，会执行平台零佣金制度，不再收取 20% 的交易佣金；2015 年 12 月，猪八戒网原有的"猪标局"与快智慧整合升级为"八戒知识产权";2016 年 8 月,全国联动,共同打造史上首个属于创业者的服务电商节——"八月八免单日"。

也许在不久的将来,人们不需要上班,就可以通过像猪八戒网、任务中国这样的平台来工作,赚取工资了。其实,在我们的现实生活中,此类共享任务的模式并不是什么新鲜事,我认识一个经常给我送快递的小伙子,他送快递的时间很有规律,每天中午的 12:00 到下午 1:30,后来和他闲聊,我才知道他只是个兼职快递员,每天都会在中午下班的这段时间来送快递,而且他派送的快递就在他工作单位周围,既方便,又赚了外快,还不影响下午的工作,可谓是一举多得。

如果我们也建立一个快递业的平台,充分利用全社会人员拥有的空闲时间,在人员问题上要好于传统快递业,而基于地理位置寻找最近人员的方式,也能极大程度减少递送快递的时间。目前美国有一家名为 Instacart 的公司,就从事的是此类业务,我不太清楚国内有没有基于物流配送共享的平台。

我认为共享任务服务会有一个非常好的发展前景,若能将任务细分,做得更专业,是不是更好呢?就像人们一想到空调,就会想到格力一样。做成一个品牌,目前国内的很多任务平台所含的任务领域都非常宽泛,俗话说,术业有专攻,更专业一些会更好。

共享物品

我有一位女性朋友,是个十足的剁手党,工作之余的一大爱好,就是逛各种购物网站,看到自己喜欢的东西,统统买回家。可当把这些物品真的买回家之后，她才发现用处不大，或者自己根本不需要。

有一次，我去她家里做客时，她向我展示了她的衣帽间，衣服、鞋子多得连衣帽间的门都关不上了。她说很多衣服买回来，有的连标签都没有拆过，有的只穿了一两次。想送人，又怕别人嫌弃是旧衣服；丢了，太可惜，问我该怎么办。

我向她提议就在朋友圈里卖这些闲置服装，明码标价。如果关系不错的朋友喜欢这些衣服，也可以送给这位朋友，若对方不好意思，适当付一些钱就可以了，这样大家都避免了尴尬。后来，这位朋友真的听了我的建议，在朋友圈里卖起了二手物品，因为价格便宜，而且她的东西质量不错，没用多长时间，就将她衣帽间里的闲置物品卖出去了。

我的这位朋友原本只想将自己的闲置物品销售出去，结果却发现这是一个商机，因为还有不少朋友会问她最近有什么二手物品要卖，看看有没有需要的。后来，她和一家二手物品网站合作，通过朋友圈等渠道销售二手商品，生意还很不错。

其实，我们生活中有很多和我朋友一样的人，因一时冲动买了不需要或者不适合的物品，有的产品的品质很高，却派不上用场，丢了又可惜，很多人对此都会感到烦恼，不知该如何处理这些闲置高品质的二手产品。如果有这样一个可以进行二手商品交易的平台，让这些二手商品重新流通，找到喜欢他们的主人，并且卖家还能获得相应的经济补偿，这必将是一个双赢的结果。

当下共享经济已经渗透到各行各业、人们生活中的方方面面，共享物品也成了一种趋势，二手闲置物品交易市场开始被资本市场"宠幸"。现在较为火爆的线上二手交易平台已经有数十家，除了少数有网页版外，大多数主打APP，其中占据市场份额较大的是以电商巨头推出的平台，如百姓网旗下的乐空空、58同城旗下的转转、京东旗下的二手拍拍、阿里巴巴旗下的闲鱼等，销售的物品也是五花八门，大到房子、汽车，小到玩具、衣物等。

2016 年，是二手物品交易平台蓬勃发展的一年。2016 年上半年，先是阿里巴巴旗下闲置物品交易平台"闲鱼"和"拍卖"业务正式合并；接着手机数码回收平台"回收宝"宣布获得了近 1 亿元人民币的 A 轮融资；下半年，闲置物品交易平台"旧爱"宣布获得来自乐视领投的 3000 万元人民币的天使轮融资。

那么，资本市场为何会对二手物品交易平台如何热衷呢？一组数据最能说明问题，第一财经商业数据中心最新公布的《2016 分享经济发展报告》显示，2016 年我国闲置市场规模约为 1462 亿元人民币，这是一个被低估的数字，因为中国二手物品交易市场需求一直没有被真正的释放出来，实际的规模可能要超过 4000 亿，如此大的蛋糕，那些商业巨头们怎能错过。

在过去，人们购买二手产品，可能只是为了图便宜；但现在不同了，"分享是快乐的"已经成为很多人的共识。很多商家也非常有前瞻性，国内很多二手闲置平台都在打造虚拟的社区空间，通过地理位置或者网友的兴趣、价值观认同，形成闲置物品交易或分享圈子，让社群成为用户之间的连接点。

闲置共享平台和社群经济的结合是基于人与人之间信任关系，满足双方的需求，同时还能结交一群志趣相投的朋友，从而形成一个社群经济，用物品牵线搭桥，搭建共同的兴趣爱好的圈子，让社群保持活跃性。

也就是说，人们在二手交易平台不仅能满足购物的需求，还能找到一些兴趣相同的人，成为朋友，满足人们的情感需求，这也是二手交易平台火爆的一个重要原因吧。

第五章　共享经济创造巨大价值

消费者是最终受益者，消费者剩余大大增加

假如我们准备买一辆汽车，那么，我们心里肯定会预估一个价格，要买的这辆汽车可能的销售价格是多少，自己能承受的最高价格是多少，如果销售商的销售价格高于我们能承受的最高价格，那么，我们很可能就不会购买这辆车了，如果销售商的销售价格低于我们所能承受的最高价格，而且是一个我们心里期盼的价格，那么，这笔交易就达成了。

在以上购买的过程中，涉及一个经济学术语——消费者剩余，消费者剩余是指消费者在消费一定数量的某种商品时所愿意支付的最高价格与商品实际的市场价格之间的差额，用一个等式来表示是这样的：

消费者剩余价值 = 买者愿意支付的最高价格 – 买者的实际支付价格

通过这个等式，我们可以看出，当商家的销售价格上涨时，也就是购买者的实际支付价格提高时，消费者剩余价值就会变小，那么，消费者的购买意愿就会下降，甚至是选择暂时不再购买。

那么，商家是否会因此降低销售价格呢？不一定，如果某一企业形成了垄断市场，那么，它对价格就有一定的掌控权，不会轻易降低产品价格，那么，消费者的剩余就会减少，在供需双方的博弈下，造成产销量降低，厂家生产的产品卖不出去，就会造成资源的浪费。

我国虽然制定了反垄断法，但依靠国家行政手段干涉经济行为，远没有市场调节更有效，且更有利于市场的健康良性发展，而共享经济则起到了一个非常好的市场调节作用。

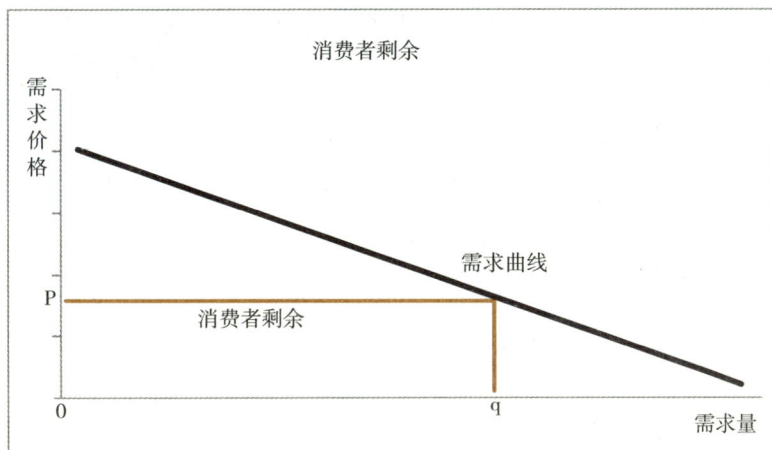

试想一下，过去没有网络购物时，我们购买产品大多在自己生活的区域的狭小范围内，即便价格较高，也没有解决之道。但随着互联网的发展，让我们有了更多的选择空间，互联网可以连接时间，只要我们喜欢，可以选择在任意一个平台购物，从而打破了因区域限制形成的市场垄断。

另外，共享经济倡导的是"不求拥有，只求使用"的价值理念，以租赁代替购买，从而大大地降低了交易成本，提高了资源的利用率。假如我们购买一辆 30 万的汽车，每年的折旧费、油钱、保养费、保险费、停车费等等花销大概在 4 万元左右，但是如果我们在有需要的时候，去租一辆汽车来用，则会大大降低开支。

传统的租车行业早就有，但其因运营成本较高，且无法让供需双方在第一时间进行信息沟通，导致大量汽车被搁置，无人使用。我们如果要到车行去租一辆车，要先到车行了解是否有符合我们要求的汽车，还要办理各种繁琐的手续，非常耽误时间，因为太麻烦了，很多人不愿意去租车。

但是借助共享平台租车，不仅成本降低了，程序也很简单，我们只要下载了相关 APP，就可以及时了解车辆情况，而且不用到车行，在路边就可以找到我们想要租用的汽车，扫一扫车上的二维码，就可以开走了，多么便捷！

　　总之，共享经济带给消费者的是最大好处是节省成本，这种成本不仅是金钱上的，还包括时间与精力，它能实现供需双方迅速高效地匹配，由于在一定程度上制约了垄断，使得商家不得不降低销售价格，那么，消费者就可以用更少的钱买到满意的产品，从而提高了消费者剩余。

提高资源利用率，让过剩产能创造价值

　　共享经济这一概念，是由 Zipcar 创始人蔡斯提出的一种新的商业模式，即利用过剩产能，搭建一个共享平台，每个人都可以参与其中，将个人拥有的过剩资源分享给其他人使用，并获得一定的收益，过剩产能、共享平台与人人参与的完美集合，就是共享经济。

　　从共享经济的定义中，我们不难看出，过剩产能是共享经济得以实现的基础。我每天一个人开车去北京上班，路上也蛮无聊的，无意中发现了顺风车、专车很火，心想反正自己每天都要去上班，座位空着也是空着——这便是过剩产能，不如顺道捎上几个人，既交了朋友，让我在行车路途中不寂寞，又能赚点油钱，而且还方便了别人，这便形成了共享经济。

　　于是，我在手机上下载了滴滴，成了一名司机师傅，每天上班之前，都会打开滴滴看看，有没有同路的人。在北京尾号限行期间，我也会打开软件，去乘坐别人的车，非常方便。

　　通过这个例子，我想告诉大家的是，闲置的汽车产生了过剩产能，空出来的座位和汽车的闲置时间并没有得到很好的利用，现在有些家庭为了应对单双号限行，购买两辆车，也就是说，每辆车几乎有一半的时间被闲置，从而造成了资源浪费、交通拥堵、空气污染。

蔡斯在创办 Zipcar 之前，曾对市场做过调查，它发现美国的私家车有95%的时间是闲置的，生活中有80%的汽车座位都是空着的，在此背景下，她创办了汽车共享网站 Zipcar。Zipcar 选择居民集中区作为汽车停放点，会员统括电脑、手机、电话搜寻符合要求的汽车，然后用会员卡开启车辆和锁停，不仅大大提高了汽车的利用率，也给人们的出行提供了方便。

在我国也是如此，跑在路上的汽车与日俱增，让城市拥堵不堪，如果拥有汽车的人都能将自己的座位分享出来，就能使过剩产能得到有效的利用，还能解决城市交通拥堵的问题。

其实，不仅是出行领域，在很多领域都存在着过剩产能。比如每个公司都有会议室，而且每家公司的会议室大都是闲置的，利用率非常低，一个会议室有几十个座位，但开会的往往只有几个人，资源严重被浪费。既然如此，不如将公司的会议室拿出来共享，给那些需要开会的企业，而不是自己不用，将它搁置起来，被浪费。

由此可见，过剩产能是隐含着一定价值的，关键是如何将其利用起来。我认识一位朋友，他的儿子正在读二年级，每天下午 4 点钟就放学，而这时他还没有下班，根本无法做到天天请假去接孩子，和他有着同样问题的还有和他同住一个小区的几个邻居，大家一商量，每人每周值班一天，在值班这天除了接送自己的孩子，还要把邻居的孩子捎上，这样每天的接送就产生了更多的价值，而且孩子们还多了玩伴，岂不是一举两得？

从以上的例子中，我们不难发现，利用过剩产能的成本是远远低于购买新的产品的价格，对于消费者来说是非常实惠的，对于社会而言，大大节省了资源，减少了浪费，共享经济这一里程碑式的变革对传统经济带来了颠覆性的冲击，共享经济的潜力主要体现在对过剩产能的重新整合利用，创造新的价值，推动了人类社会的进步。

实现大众创业的目标

2016 夏季达沃斯开幕式现场，国务院总理李克强出席开幕式并致辞，其中有这样一段话：共享经济也是众创经济，全球化深入发展与互联网日益普及，为人民群众创业提供了广阔的空间。

共享经济不仅改变了我们生活，从追求拥有到只求使用，而且它也改变了劳动者就业的范式，为人人创业实现了可能。

在美国定居的朋友讲过这样一件事：他有一个和他共事三年的同事，因为无意中了解到 Airbnb，就将自己公寓里的几间空房间出租给了游客，用来获取收益。起初只是无意之举，并没有想获得多大收益，但是收益远远超出他的想象，朋友的同事索性辞职了，购买了一个很小的公寓，只能放下几张床，专门用来出租，大家都觉得他辞掉工作，专心做起了"包租公"，有些唐突。但是一年多后，当朋友再见到他的同事时，他已经购买了三套公寓，用来出租，并且还雇用了一个员工，他则有大把的时间去度假。

在我身边也有一个例子：他原本在一家苗木公司工作，工作内容比较杂，运输苗木，陪领导出差，甚至接送领导小孩上下学，去医院排队挂号的事情都做过。他厌烦了这种被指使来指使去的工作，最终辞职，做起了专职滴滴司机。他说他喜欢这种自己能掌控的工作，什么时候工作，什么时候休息自己说了算，不再给老板打工，只给自己打工。

紧张的工作节奏，无休止的加班，老板的批评，让越来越多的人开始讨厌朝九晚五的工作，向往自由自在的工作，共享经济为人们提供了这种可能，吸引了越来越多拥有创业梦想的人加入其中。

众所周知，Airbnb 是一家联系旅游人士和家有空房出租的房主的服务型网站，可以为用户提供多样的住宿信息，这个网站成立于 2008 年，或许你根本想不到这是两个穷哥们想出来的创业方式，这两个穷哥们穷得都付不起房租了，后来他们发现有个空房间，就想着要不弄个气垫床放里面吧，让过路的人进来睡觉，然后收取床位费，再给他们准备点早餐。

他们想好之后，立马行动起来，没想到他们还真的将房租钱赚了出来，于是就将公司的名称确定为 "Airbedandbreakfast"（气垫床和早餐）的缩写，现在人家的估值在全球的创业公司中排名第二位。

中国的优客工厂也和 Airbnb 一样，潜力无限。这是一家位创业者与广大小微企业提供工作空间与资源的公司，创办不足一年，估值就已经高达 20 亿人民币。唯一与 Airbnb 不同的是，优客工场创始人毛大庆并不是草根出身，他具有一定的人脉与资源，但同样看到了共享经济未来发展的广阔空间，才积极地投身到这个行业中来。

共享经济需要人人参与，人人也都可以参与，大家熟知的共享平台如 Airbnb、滴滴、在行一点等，这些平台离不开我们的参与，没有我们的参与，这些平台就没有了存在的必要，这就是"需要人人参与"。

另外，共享经济的门槛很低，低到几乎人人都可以参与其中，成为其中的一份子，比如，你在某个时刻有闲置的汽车或房间，你就可以提供给他人使用，从中赚取收益，这也是一种创业，人人都可以参与的创业，只有人人都参与其中，才能实现共享。

创建新的营销模式，创造新的商业价值

我国是全球按摩器具的研发与制造中心，是全球最大的按摩椅出口国，目前，我国的按摩椅主要用于出口，2016年上半年全国主要的十大按摩椅器具企业的出口金额就占到了国内总体按摩椅器具企业的41%。

那么，为什么按摩椅在国内的销量不尽人意呢？我认为主要有三个方面的原因：

一是按摩椅的价格较高。目前市场上的按摩椅价格大多在3000元以上，大部分家庭不会花这么多钱买一台按摩椅放在家里；

二是人们的健康意识有待提高。很多人觉得锻炼身体的方式有很多种，出去散步、跑步都是锻炼，为什么要花那么多钱购买一台按摩椅呢？

三是目标用户不明确。在人们的印象中，按摩椅是老年人才使用的保健产品，大多数中青年人不会购买，而老年人往往对高科技产品，尤其是复杂的产品也不会感冒，还不如早晨起床后去公园的健身器材那儿健健身。

在以上制约按摩椅销量的因素中，我认为按摩椅价格高，而使用率不高是主要原因，那么，如何解决这个矛盾呢？那就是在传统的按摩椅行业中注入共享经济，为企业的发展增添新的活力与动力。

我创办的嘎嘎客共享按摩椅就采用了共享经济模式，任何在商业和公共场所在等待、休闲、疲劳休息等碎片化时间的消费者，都将成为按摩椅付费使用的主要消费人群，比如影院、商场、写字楼大厅、4S店、酒店高速服务区、棋盘娱乐、银行、医院、机场、火车站等等，所以说，嘎嘎客共享按摩椅的前景是非常乐观的。

我们在合作模式上也进行了创新，代理商出场地，我出设备与系统，双方真诚合作，实现共赢共享。

合作模式

您出场地
我出设备+系统 } 共赢共享经济

简单明晰的合作模式

场地方负责：

01 提供场地空间
02 协助做好日常保洁

嘎嘎客负责：

01 产品供货　05 日常运营
02 仓储物流　06 技术服务
03 安装调试　07 设备维护
04 市场推广　08 人员培训

全球最大的连锁酒店洲际酒店集团迄今有 60 多年的历史了，该集团大约有 64.5 万房间和 4400 家酒店，这 4000 多家酒店分布在 100 多个国家。

还有著名的希尔顿酒店，从事酒店业务也已经近 100 个年头了，在 88 个国家有 61 万间房和 3800 家酒店。

如果你想从事酒店行业，且做到和他们一样优秀，按照传统的酒店经营模式几乎是无法实现的。但是 Airbnb 却仅仅用了四年时间就做到了，这就是共享经济的不可思议之处。Airbnb 没有走寻常路线，重新选址，建造酒店，做推广营销，而是寻找到了一条捷径，就是把已经建造好的且被闲置的房子，通过一个平台连接起来，让每个人都可以成为酒店的店主，这种全新的商业模式在很短的时间就积聚了大量的资源，实现了客户积累，完美逆袭。

让知识变现

小时候读书不努力，父母就经常在耳边唠叨："不好好读书，永远要在土里刨食吃。"意思是说，不努力读书，考不上好大学，将来就没有好前途，还要像父母一样，在田里辛苦的种地。在过去，种地在很多人心中是地位非常低的工作，当然已经不能同日而语了，"有点田"现在已经是很多人梦寐以求的事情。

在以前，读好书，考上好大学，就意味着有一份好工作，这就是我们常说的"知识变现"。文凭是块"敲门砖"，有了文凭才能使知识变现。但现在不同了，只有你有知识，在某一个领域有自己的专长，都可以变现，而与文凭无关。

我认识一位宝妈，她有两个孩子，老大在上小学，老二在读幼儿园，因为平时要照顾两个孩子，接送孩子上下学，这位宝妈无法找到一份全职的工作，一家四口就靠她丈夫上班赚钱，她感觉压力有些大，而且整天这么无所事事的，让生活很乏味。

后来，这位宝妈下载了一个悟空问答的 APP，悟空问答是一款问答社区，专注分享知识、经验、观念，在这个平台，你可以把自己的问题发布上去，就会有人回答，你也可以回答别人的问题。

这位宝妈上大学时学的是教育心理学，有理论知识，加上自己有两个孩子，有一定的实践经验。她注册的 @六六家辣妈这个账号回答的问题质量较高，增加了不少粉丝，获得了答题得红包的权限。目前悟空问答答题得红包并不是针对所有的用户开放的，只对高质量的用户开放，而且粉丝越多，获得的收益越多，因为粉丝阅读你的回答，是游客阅读你的问答获得收益的 20 倍。

现在这位宝妈除了接送孩子、照顾孩子外，就利用业余时间做悟空问答，每个月的收入也能达到四五千元，这与一般的上班族收入差不多，而且很轻松，工作照顾孩子两不耽误。

以上就是典型的知识变现的例子。随着互联网技术的飞速发展，以及人们对知识付费意愿和消费观念的改变，拥有知识的人已不仅仅是人们口中的博学多才，还能以此来获得财富，让知识变现。

现在一些中产阶级都非常重视时间，他们愿意为节省时间付出报酬。在过去，因为没有互联网这个途径，我们在遇到问题时，往往只能冥思苦想，自己想办法去解决，费时费力，效果也不是很好。

如今，在共享经济大行其道的今天，有越来越多的平台为人们提供了解决问题的途径，快速高效。我认识一个程序员老李，因为长期加班敲代码，颈椎劳损比较严重，一次无意中通过友帮 APP，认识了一位治疗颈椎病的医生，给他一些关于防治颈椎病的方法和建议，经过几个月的调理，他的颈椎问题得到了缓解。这件事让老李认识到找对专业的人做专业的事是多么的重要，出于对这位医生的信任，老李又将这位医生推荐给了自己的同事。

共享经济让我们的知识有了变现的可能，在行一点、悟空问答、猪八戒网等，这些平台在未来会有更加广阔的发展空间，人们也会越来越感受到知识的价值，拥有知识就能创造财富。

让学习变得简单高效

如果你是一位家长，你一定会为孩子的学习操心不少。孩子学习不好，想给孩子报辅导班提高一下，该如何选择辅导班呢？如何知道孩子学习有没有提高呢？孩子学习成绩优秀，老师上课内容吃不饱，觉得没意思，想多学一些，怎么办？到校外找一个提高班，给孩子开开小灶吧。

不管是哪种情况，对于每天忙于工作的家长来说，都是很麻烦的事情，首先接送孩子就是一大难题，其次是无法准确掌握孩子的学习情况。我有一个朋友他家孩子才上小学三年级，但这个孩子特别痴迷数学，老师上课教他的那点内容他早就会了，后来，朋友就给孩子买了学习机，让他自学。

一次偶然的机会，这孩子接触到了洋葱数学，便一发不可收拾，开始自学初中数学，每次可以坐在学习机前一两个小时都不觉得烦，那么，洋葱数学为何会有如此大的魔力呢？

洋葱数学成立于2013年，主要内容为初中学段的数学科目，它将数学大纲中的知识点制作成一系列视频课程，每个视频都会用有趣的语言来阐述知识点，讲完知识点，还会在视频中穿插题目，让学生练习。只有在学生理解每一个概念之后，系统才会允许学生继续观看下一个视频，值得称道的是，学生在做课后的练习与章节测试题时，如果做错了，这些错误的题目会自动进入错题本，方便学生以后的复习。

朋友说，现在孩子使用洋葱数学，不仅孩子自己学得开心，他也能掌握孩子自学的情况，而且还少了接送孩子的烦恼，在家就能学习，相当于请了一个私教。

因为洋葱数学的这些优点，深受家长和孩子们的喜欢，自 2014 年上线，仅仅用了二年时间，学生用户就高达 1400 万，累计辅导人次 2 亿+，课程累计学习超 2 亿人次，单月学习时长超过 1 亿分钟。

大家都知道，游戏是孩子们的最爱，如果让孩子学习也像玩游戏一样上瘾就好了。结合孩子们的这个特点，2017 年 9 月，洋葱数学推出了"试炼场"模块，这就像打《王者荣耀》的排位赛，学生经过一轮快速测试，AI 自适应系统会基于学生水平进行排位，出现在全国排行榜里。学生学习并完成一个章节测试后，等级会提高，逐步到达黄金、钻石、学霸等级别。同时，学生看视频和做题还会获得洋葱币，作为奖励。

洋葱数学就像一位私教老师，能对学生进行辅导外，还能借助计算机分析出孩子的学习状况，比如学习成绩、错题情况。如果是私教老师，他只能在某个时间段辅导一个学生，而洋葱数学却可以在同一时间辅导成百上千甚至更多的学生，这就是网络技术给我们带来的便利，共享经济带给我们的实惠。

过去，我们想请到名师指导是非常难的事情，现在可以借助网络，将全国各地优质的教师资源为我所用，那么，我们的学习效率会非常高，因为共享平台会对我们的学习情况第一时间做出反馈，让我们了解到自己的不足，及时弥补。

目前类似于洋葱数学这样的平台还有在行。在行也是非常有代表性的知识共享平台，以教育为出发点的"在行"混杂了知识服务、共享经济与O2O 元素，犹如一个虚拟的大学，在这里，人们不仅可以学习到知识，还能约行家见面，亲自面授，在获得知识经验的同时，还扩展了人脉，可谓是收获颇丰。

降低创业成本

在几十年前，说到创业，那是非常了不起的事情，别的不说，就拿资金来说，不是一般人能够拿起出来的，因为传统经济的创业需要租场地、建厂房、买设备、请工人，每笔钱都是不小的开支。即使不是工厂，只销售，也得有一笔不小的开支，如进货、租库房、租门脸房，请雇员，没钱根本别提创业。

后来，互联网逐渐发展起来，懂得网络技术的人开始做站长，看似这没有太大的投资，但是小站长的日子根本不好过，因为不烧钱，网站的知名度就起不来，烧钱投个几十万，上百万，可能都得不到什么，比不了百度、腾讯、新浪、搜狐这些巨头，这种夹缝中生存的日子依然不好过。

可以说，在共享经济出现之前，所有的创业都需要雄厚的资金做支持，没有雄厚的资金，创业根本无法成功。2015年夏季达沃斯论坛上李克强总理提出"大众创业，万众创新"，就在共享经济的背景下提出的，共享经济可以降低创业成本，为人人创业提供了可能。

就以嘎嘎客共享按摩椅来说，若是二十年前没有互联网的时代，我要做这个项目，首先得先办厂，将按摩椅做出来，然后拿到商场去销售，或者找代理商做渠道，还要打广告做推广，这个过程将是非常漫长的，也许做个五六年、七八年都做不出什么成就，最终以失败而告终。

现在，在共享经济的潮流中，我完全不需要以前那么繁琐的过程，按摩椅这种产品已经存在了，而且产品非常丰富，质量也非常高，很多产品都销往国外，但国内的普及率不高，我只需要改变家庭购买到人人共享这种消费形式即可。

共享按摩椅的市场就这么大，谁先占领市场，谁就能取得先机，若单凭我一个人的能力是很难做到快速覆盖市场的，那么，我就要招募合伙人，让他按照厂家的原价来购买按摩椅，我则给合伙人提供技术上的支持，有收益后，合伙人赚大头，我则赚些零头，同时我自己也会投入资金购买按摩椅，铺市场。

这种创业方式与传统创业方式相比，少了很多繁琐的环节不少，投资也少了很多，忽略计算的话，只有购买按摩椅的投入。

其实所谓的共享经济，简单地说，就是一种资源协调与匹配，它能够把资源成本降低，因为不需要生产，本身就是产能过剩，为什么还要去生产呢？不管是闲置的资源还是闲置的人力，我们只要去做新型的服务形态就好。

再举一个例子，比如猪八戒网，就我们个人而言，只要你拥有知识与智慧，不管是否是哪个院校毕业的，学的是什么专业，都能成为平台服务的供给方。假如你去一家公司面试，哪怕你再有能力，因为你不是学的什么专业，毕业于哪所高校，没有几年的工作经验，都可能拒之门外，但猪八戒网不会，所以说威客打破了传统的就业模式。

如果你是一个企业，每年因为推广产品都需要做大量的营销策划，所以，要聘请一个专业的营销策划师，一年的工资都要高达十来万，甚至更高，这对小企业来说是一笔不小的开支预算，而使用猪八戒网，你就可以省很多钱，将营销策划任务发布到网站上，就会有很多威客竞标取得任务，然后双方约定好价格，让威客创造出好的产品，从而完成交易。

共享经济是一个快速发展的新兴模式，释放了经济市场的活力，极大地降低了就业成本，为人人创业提供了可能，即使你是普通的创业者，有好的点子，也能创造出一番事业，而无关你有多少钱。

第六章　共享经济如何盈利

共享经济模式成立需要哪些条件

能共享的东西越来越多，随便就能说出几种：共享单车、共享汽车、共享充电宝、共享雨伞等等。哪怕是一个不起眼不被看好的东西，只要套上了"共享经济"的外衣，就会被投资者关注。我们不禁要问，到底什么才是共享经济的商业模式呢？

共享经济的商业模式并非是套上"共享经济"的外衣这么简单，判断是否是共享经济的商业模式应该具备以下特征：

（一）需求真实存在，却远远没有被满足

大中城市每到上下班高峰期，打车的人特别多，但出租车的数量是有限的，根本无法满足人们的需求，造成了很多人都打不到车。即便不是在打车的高峰期，有时候我们依然打不到车，或许就在某个高楼的拐角处就有一辆空车，你们的直线距离不过200米，但你们之间并不知道彼此的存在。

滴滴出行则是将打车的人与司机联系在了一起，打车的人应该很清楚地知道在自己的附近有多少车在运行，你只要用手点一点，司机就知道你所在的位置，就可以打电话给你，约好上车的地点，不用站在路边等很久。

很显然，滴滴出行就满足了人们随叫随上车，不用等待的需求。那么，共享充电宝为何失败呢？当然失败的原因有很多，但我认为充电宝是

否是刚需产品就有待考证，的确，现在人们手机不离手，却是需要经常充电，但在大小应用场景里这种需求很容易被其他方式代替，比如，共享充电宝很容易被充电端口消灭，也可能被店家准备的免费充电宝或租赁充电宝所替代。可替代性太强这一问题应该是共享充电宝失败的一个重要原因。

（二）通过共享可提高收益或使成本下降

关于共享可以降低成本这一点很好理解，以前我们上班只能坐公交车、地铁，可能在你家附近并没有公交车、地铁，需要走上一段距离才能上车，非常不方便，你考虑买一辆车，但买车是一笔不小的开销，买了车还要考虑停车费、保养费、保险费等，现在你可以使用滴滴打车，或者搭顺风车来解决乘车不便的情况，这与买车比起来，是不是大大降低了成本呢？

就拿共享雨伞来说，共享雨伞刚推出不久，租借点的雨伞就集体消失了，都拿到个人家中了，成了"藏伞于民"，使用雨伞并不是免费的，押金 19.9 元，每半小时收费 0.5 元，需要充值至少 9 元才可以获得雨伞的使用权，虽然关闭雨伞，就结束了计费，但是若我们把伞关闭后，放在家里搁置了呢？这怎么看都像是在卖雨伞，这不是节约了资源，反而造成了浪费。

（三）共享模式下，人人受益，受益者占大多数

比如一些在线短租平台，受益者除了平台本身能获利，获取流量外，房东也能获得收入，租客则能享受到更个性化的服务，而且有可能住宿的费用比酒店要便宜。

有些城市曾经推出过"共享马扎"，确实给人们带来了一些便利，但管理跟不上，影响了环境，最终被市政部门清理搬走。

（四）不存在漏洞

2017 年有一段时间"共享睡眠仓"火过一阵子，中午白领急需找个地方休息一下，不能总趴在桌子上解决睡眠，共享睡眠仓则解决了白领们的这一需求，"共享睡眠舱"不仅收费便宜，而且选择自主，可以网上支付，无需服务员，免费的 WiFi、充电口、电扇、电灯、一次性床单、一次性纸巾等应有尽有。

但是"共享睡眠舱"推出没多久，就被相关部门叫停。主要存在两个问题：一是绕过了酒店住宿身份登记管理，不符合相关规定；二是尚没有获得消防许可，安全性有待考证。

所以说，不是所有的产品披上了"共享经济"的外衣就真的成立共享经济，共享经济也有它的模式。

哪些产品适合做共享经济

共享经济一词愈发火爆，很多企业积极地投身于共享经济的潮流中，恨不得将所有的产品都贴上"共享经济"的标签：共享单车、共享汽车、共享充电宝、共享雨伞、共享篮球……看得人们眼花缭乱。

虽然共享经济很火爆，但是这么多企业，真正赚钱的有几个？我认为共享经济不是一个百宝箱，将什么产品扔进去，都能变出金银财宝来，适合做共享经济的产品也应该有它的特点。那么，哪些产品适合做共享经济呢？

（一）价格较贵，且不易损坏的产品

价格很贵的东西，你自己买不起，要想用，就需要分时去租用，比如你想坐豪华轮船，想用私人飞机，你就只能分时租用，因为这两样东西，一般人买不起。

有人说我想去租个珠宝去参加宴会，对不起，这珠宝恐怕很难租到，为什么豪华轮船、私人飞机这么贵重的东西都可以租用，珠宝就不可能了呢？因为珠宝首饰这些产品容易发生损害，一旦在共享过程中发生损坏，就可能导致双输的局面，高价电子产品也是如此。

为什么不选择价值过低的产品呢？因为价值太低的产品，很难盈利，比如充电宝、篮球、雨伞等，与其那么麻烦去租，还不如自己买一个，反正也用不了多少钱啊！

可能有人会质疑，单车也不贵，为什么能共享呢？因为单车虽然不贵，只有几百块钱，但是丢单车却比较常见，有人一年丢两三辆单车，虽然不是丢了大钱，但是这心里窝火啊！不如租一个，不用担心被盗了。

（二）不常用但有时又必须要用的产品

生活在北京的外地人大都不会买车，因为摇不到号，上了外地牌照很麻烦，加上北京的交通很拥挤，经常堵车，还不如每天乘地铁、坐公交上班。但是如果你想自驾游怎么办？那就去共享平台去租车吧，对于有些人来说，车就是他们不常用但有时又必须要用的产品。

将车拿出来分享，这说明车已经不再是个人的财产，而只是把车当成一种工具。在过去十多年前，所有的私家车对于车主来说都是财产，既然是自己的财产，当然就不会有人愿意分享。但现如今，很多人已经换过好几辆车了，早已经不把车当成一种资产，而仅仅是一个出行的工具，既然是工具，当然就能够分享了。

（三）产品方便管理

如何理解产品方便管理呢？就是拥有者对产品的所有权有所保障，如果产品的不便于管理，就可能出现有借无还，或者被严重破坏无法索赔的情况，比如共享租房，有些租户将房子租用了之后，将房子进行改造，变成更多的小房间，然后再将房子出租出去，这回破坏房子原有的结构，若原房主要求索赔，就很困难。

（四）刚性需求强的产品

刚性需求指在商品供求关系中受价格影响较小的需求，简单地说，不管产品涨不涨价，你都需要使用，这样你才能赚钱。

（五）保值性强，折旧时间长

保值性强是指产品在共享过程中不易损坏而降低其价值，比如嘎嘎客共享按摩椅，一台按摩椅用上几年没有问题，保值性很强，如果坐不了多长时间就坏了，维修费都是一笔不小的开支，还怎么赚钱呢？

以前听一个朋友说想做共享玩具，他觉得现在很多有孩子的家庭都会有大量的玩具，若将这些玩具共享出来，大家互换着玩，是非常有意义的，但我认为这是行不通过的，因为孩子玩玩具会很暴力，很容易将玩具弄坏，这是无法解决的难题。

综上几个条件来看，我认为未来要想做共享经济，应该从知识技能共享、劳务共享和产品分享这几类中入手，成功的概率会更大一些。

投资人如何看待共享经济企业

共享单车、共享充电宝、共享雨伞在 2017 年都火了一个遍，都先后拿到了融资，虽然有些共享经济企业最终陨落了，但是它的一些经验还是值得我们学习的，就凭它能够拿到融资这一点，就说明它不简单。下面我们就来看一看投资人是如何看待共享经济企业的，共享经济类项目的投资决策会从哪些方面做出判断。

有人曾戏言：只要你的产品与共享经济扯上关系，就不愁拿不到融资。事实并非如此，经纬资本合伙人肖敏曾说过，他们选择是否投资一家公司，并不关心它是叫共享，还是叫 O2O，重要的是结合行业能够极大效益地提高某个服务或产品的使用效率，给用户提供一个极大程度上的服务变革，并且这种模式能够建立较高的壁垒。

由此可见，并非所有的产品只要戴上了"共享经济"的高帽子，就能受到投资者的青睐，投资者通常会对具有以下特征的共享经济企业感兴趣：

（一）市场规模巨大

为什么共享单车会深受投资者的青睐？摩拜和 ofo 在短时间内就能拿到几十亿元的融资呢？市场规模巨大就是其中一个重要原因。

在 2017 年初，全球领先的移动互联网第三方数据挖掘和整合营销机构 iiMediaResearch（艾媒咨询）发布的《2017Q1 中国共享单车市场研究》

报告显示，截至 2017 年 3 月中旬，全国共享单车投放总量已超过 400 万辆，北上广深四座城市单车的投放量占比已超 70%。报告同时显示，2016 年共享单车市场规模达 12.3 亿元，到 2017 年底中国共享单车市场规模将达 102.8 亿元，增长率为 735.8%。

正因如此，投资方才会普遍认为共享单车是个潜力股，才会有那么多公司趋之若鹜。

（二）交易过程简单

使用滴滴出行，只需要下载滴滴 app 并打开应用界面，就知道所在的区域有多少辆车可以搭乘，预计几分钟后可以乘车；司机接单后就会打电话，约好乘车地点；到达目的地后，用微信就能支付，整个过程非常简单。

还有嘎嘎客共享按摩椅，技术人员设置好程序，将按摩椅安放在人流量大的场所；使用时，只需扫码付费即可，管理人员在后台就能了解交易情况。

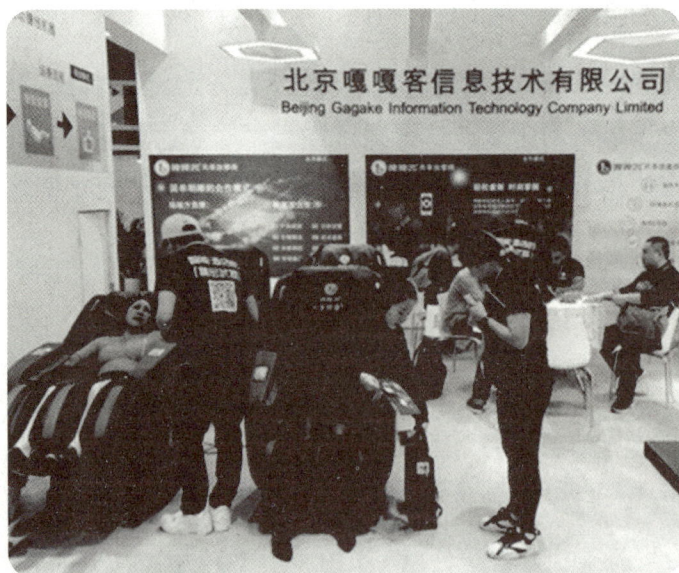

但是，如果是一些找写手的平台，供需双方磨合起来就比较麻烦，即便供给方很优秀，如果不知道需求方的详细要求，写出来的东西也很难让对方满意，可能双方需要花很长的时间来沟通、协调。

这样的共享平台操作起来就没有滴滴这么简单了，投资者在投资的时候可能就会考虑得更周全，不会轻易下决定。

（三）规模效应与网络效应的考量

规模效应又称规模经济，即因规模增大带来的经济效益提高，共享单车就是如此，如果使用共享单车的人多了，租车的费用和押金也会相应提高。这就是规模效应。

网络效应，就是某款产品的需求满足程度与网络的规模密切相关，共享经济时因为有了互联网才存在，比如，你原来打车只能站在路边等，你不知道在你附近就有一辆出租车，现在你通过网络就可以了解到，你知道自己等上一分钟出租车就可以过来了。

（四）是否形成了行业壁垒

行业壁垒是阻止或限制进入某一行业的障碍。是保护市场、排除竞争的有效手段和重要方法。行业壁垒越坚固，市场障碍越多，企业越难以加入，市场垄断程度越高，竞争相对缓和。

做共享单车的企业那么多，为何投资者钟情于摩拜与 ofo 呢？投资者络绎不绝，因为他们在共享单车这个行业已经具备了一定的实力，成为了行业中的老大。任何一个领域，只要这个领域时稳定的状态，基本上就是一家独大的情况，也就是形成了行业壁垒，其他同行即使在做，所占市场份额也很小，如果这个领域还没有进入稳定状态，那么，竞争一定是非常激烈的。

近几年共享单车企业有很多，但在 2017 年下半年进入了倒闭潮，小蓝共享单车、小鹿共享单车、悟空共享单车纷纷倒闭或者停止运营，只有摩拜与 ofo 独占鳌头。沸点资本合伙人姚亚平曾说过他们的投资理念是：在规模效应的情况下，只有第一能投，或者能成为第一的能投，投第二家公司是留着将来卖给第一的，而第三以后的公司都不能投。

这就提醒创业者或者投资人，在某个领域已经有很多家成型的公司时，就不要再做飞蛾扑火的事情了，特别是在没有差异化的情况下，不要贸然地去投资，这注定会是失败的。

我们在做共享经济时，不能只看到别人的成功，自己就照葫芦画瓢，也去做，经纬资本合伙人肖敏所说的："早上的面包是经验，但是等你做的时候是晚上的面包，晚上的面包是要扔掉了"，外部环境变了，别人做成功的事情，轮到我们自己就未必成功了，所以，创业也要善于审时度势。

盈利模式一：按交易收费

当下多数共享经济企业还没有盈利，那些看似非常火爆的共享单车摩拜和 ofo，虽然获得了几十亿元的融资，也只是处于"输血"阶段，还没有"造血"能力——即成功盈利，企业的最终目的是赚钱、盈利，那么，共享经济企业到底该如何盈利呢？下面我要讲的就是盈利模式中的按交易收费。

通过对供应方与需求方双方抽成来获得收益，是共享经济企业盈利的一种最为常见的方式，通常有三种形式，如下图所示：

```
            ┌──────────────┐
            │  按交易收费   │
            │   三种模式    │
            └──────┬───────┘
    ┌──────────────┼──────────────┐
┌────────┐   ┌──────────┐   ┌──────────┐
│ 按单边或 │   │ 按比例或者 │   │ 按照固定或 │
│ 双边收费 │   │ 固定金额收费│   │ 浮动比例收费│
└────────┘   └──────────┘   └──────────┘
```

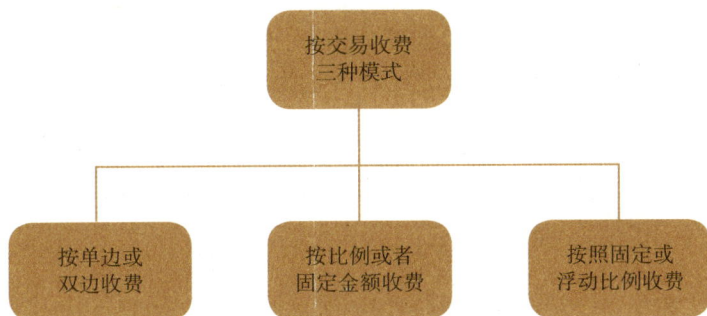

　　按交易收费，供应方与共享经济平台是如何获取收益的，需求方是如何付费的呢？具体如下图所示：

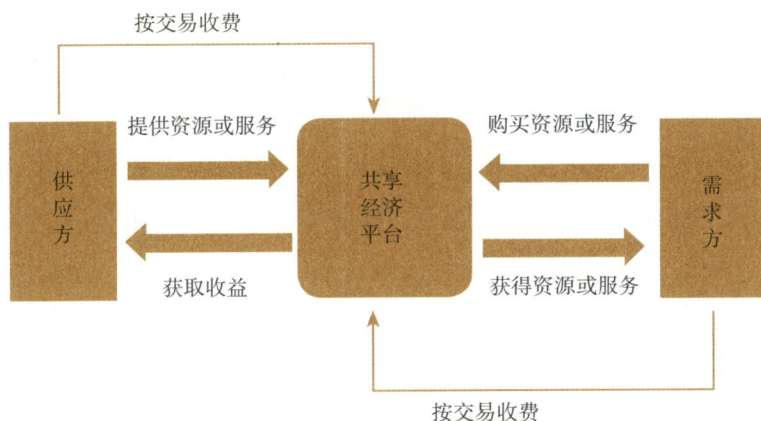

```
                      按交易收费
        ┌──────────────────────────────┐
        │                              ▼
   ┌────────┐  提供资源或服务  ┌────────┐  购买资源或服务  ┌────────┐
   │        │ ───────────────▶ │  共享   │ ◀─────────────── │        │
   │ 供应方  │                  │  经济   │                  │ 需求方  │
   │        │ ◀─────────────── │  平台   │ ───────────────▶ │        │
   └────────┘   获取收益        └────────┘   获得资源或服务   └────────┘
        │                          ▲                          │
        └──────────────────────────┴──────────────────────────┘
                            按交易收费
```

（一）按单边或双边收费

　　单边收费主要是向需求方或者供应方收取一定的费用，比如，滴滴顺风车平台会在每笔成交的金额中收取一定的费用，但只是向供应方即司机收费，也有向需求方收费的情况，比如，名医主刀平台会从咨询费、住院费等费用中收取一定的费用。

　　房产网安居客也是单边收费的盈利模式，不过它的收费方式有些特殊，安居客允许客户注册自己发布出租信息，但在发布出售二手房和出租房屋时必须选择一个经纪人帮你打理，经纪人是免费帮客户打理要出租或出售的房子的。也就是说，安居客网站上的所有信息联系方式都是经纪人的，经纪人将客户的房子租出去或者卖出去来赚取差价。

安居客不收取房主的钱，它的盈利主要是收经纪人的钱或者收房产公司的钱（经纪人所在的房产公司），不过，安居客的盈利模式带有地域性，只是在一些经济相对发达的地区，如北京、上海、广州、深圳采取这种盈利模式。

双边收费就是共享平台需要向供应方与需求方收取费用，比如Airbnb，它既会向房主一方收取一定的费用，也会向承租方收费，从而获得双份收益。

（二）按比例或者固定金额收费

通常情况下，共享平台选择按照比例收费的较多，比如，滴滴顺风车平台会每单抽取5%的服务费、人人快递帮送订单收取配送费的20%作为服务费，还有小猪短租平台会收取订单总额的10%作为服务费。按照固定金额收费的共享经济平台也有，如好厨师会向每位厨师收取9元的交易费。

（三）按照固定或浮动比例收费

通常众筹网站会在项目众筹成功后收取一定比例的成交费，无论是回报众筹、公益众筹、还是股权众筹，都是如此，成交费的比例从3%到10%不等。其实，这是一种众筹项目发起人和投资人之间的互利安排，不过只有项目成功之后才会产生成交费，若项目失败了，投资金额都会原封不动地返还给投资人，不会产生额成交费。

此外，目前国内的在线短租平台也主要靠向房东抽取佣金来盈利，比如，途家与房东分别承担定价费与物业费等费用，收入则按照五五或六四比例分成；爱入租平台从交易金额里抽取5%的比例作为佣金，房租的价格则是以房东定价为基础上浮一定比例；蚂蚁短租和小猪短租则都是按照交易金额的 10% 向房东收取，但两者在房源上有一定区别，蚂蚁短则的房源主要来自个人，房屋的类型有民居、别墅、公寓等，小猪短租的房租类似有民宅、农家院、客栈等。

盈利模式二：挖掘客户资源价值

在互联网时代，什么东西最贵？流量最贵，流量就是客户资源，拥有了客户就有了变现的可能，现在有很多人做微信公众号、QQ 空间、博客等自媒体，每天不辞辛苦地写文章，将自己的知识免费分享给大家，目的是什么？就是引流，有了流量就能实现变现。

喜欢阅读美文的朋友，一定对十点读书这个公众号很熟悉，2017 年 3 月 14 日晚，"十点读书"粉丝数正式突破 1500 万，1500 万粉丝的价值不可估量，那么，十点读书是靠什么盈利的呢？

十点读书的前期盈利在于广告，拥有千万级粉丝的公众号，一篇广告费用的收入都是十分可观的，后来，作为十点读书旗下业务的延伸——十点课堂上线，仅仅上线 10 个。月，就获得将近 30 万付费用户，其中知识付费收入占到了一半。

了解了十点读书的盈利模式，就不难理解摩拜、ofo 为何在不盈利的情况下，还能不断地获得融资了，用户通过扫码仅花几元钱就可以使用共享单车半个小时，显然这点收入是无法支持共享单车运营的，但这是一个巨大的流量入口，可以积累成千上万的用户，将来这些用户就是变现的基础，有可能广告费就是一大笔收入。这就是客户资源价值！

如今，市场经济不断发展，科技不断创新，产品越来越丰富，企业之间的竞争除了在产品服务质量上下功夫外，客户竞争也成了市场竞争的焦点，客户资源不仅是企业利润的保障，也是企业长久发展的关键。

2018年1月，今日头条、百度、腾讯等平台展开了知识问答大战，只要答对指定的题目，就可以分得百万奖金，今日头条更是大手笔，不仅请了金龟子、尼格买提等人助阵，每天的答题场次高达五场以上，最高是一天的奖金金额就高达上千万。

不管是今日头条，还是百度，或者是腾讯，其套路都是一样的。知识问答大战要想通关，复活卡是必不可少的，那么，怎么获得复活卡呢？就是将你的邀请码发送给亲朋好友，请他们一起来答题，这样你和亲朋好友就可以每人分得一张复活卡，从而吸引了大量用户的参与，今日头条还推出了组队答题的游戏规则，一时间今日头条旗下的产品悟空问答、懂车帝、抖音视频、西瓜视频等都获得了大量的用户。

　　在互联网时代，客户本身就是无价之宝，客户资源不仅仅是金钱，是用户购买我们的产品或者服务，企业从中赚取的利润。以我做嘎嘎客共享按摩椅来说，我对这个项目非常看好，通过这个项目，我可以获得大量的客户，这些客户资源对我事业的发展是不可估量的。

　　我创办了一家微商传媒公司，大家都知道做微商最需要的就是客户，需要有源源不断地新客户进来，才能使微商事业越做越大，但是任何做微商的人，都知道用户来之不易，现在的流量越来越贵，那么，我做嘎嘎客共享按摩椅就可以成为一个流量入口，可以帮助我获得大量的用户，促进微商传媒的发展。

　　退一万步讲，即便哪一天我什么都不做了，我有这么多的客户资源，也将会让我衣食无忧，因为很多人会找到我，让我给他们打广告啊！总之，有了客户，就不用担心不盈利，这只不过是时间问题而已。

盈利模式三：收取使用费用

共享平台可以通过使用费用来获得收益，这也是共享平台经常使用的一种盈利模式，比如，大家熟悉的摩拜单车，它会根据车型收取不同的使用费用，但在使用前，需要缴纳一定的押金。

除了共享单车外，国内很多电商平台都是采取向商铺收取平台使用费的方式盈利的，不同平台收取的费用不同，以下是各个电商平台的收费情况（2016 年数据）。

（一）淘宝

一般情况下，入驻淘宝的费用保证金为 1000 元，不过，个别类目有差别，此外，还有软件费用，如旺铺 50 元 / 月，基本的折扣、上架、推荐、橱窗软件等 10 元 / 月，店铺模板费用为 30 ～ 200 元 / 月，数据分析软件 50 ～ 1000 元 / 月，官方的数据模仿一年为 3600 元等。由此可见，淘宝每年收取的店铺的使用费用都是惊人的。

13:48   0.06K/s   HD 61%

车费与押金

2.车费方面（采用分段计费的方式）：Mobike车型每30分钟计费1元，每日不封顶；Mobike Lite车型每30分钟计费0.5元，每日不封顶。不满30分钟按照30分钟收费。

取消预约不收费。使用单车从开锁时刻计费，手动关锁结束计费。第二次开锁则重新计时

需要注意的是，当摩拜信用分低于80分时，用车单价会根据信用分数调整至100元/半小时（不必担心，注册时初始信用分即为100，扣分规则请查看我的摩拜信用）

当您的摩拜信用分高于80时：

运营区域内还车		车费(元)
Mobike	每30分钟	1
Mobike Lite	每30分钟	0.5

摩拜信用分低于80分（含80）：

运营区域内还车		车费(元)
不区分车型，每30分钟		100

（二）天猫

入驻天猫平台的保证金有两种，如果商标是 R 的保证金为 50000 元，如果是 TM 的保证金为 100000 元，年费为 60000 元，基本的折扣软件等费用 10 元 / 月，店铺模板费用 30 ～ 200 元 / 月，数据分析软件的费用为 50 ～ 1000 元 / 月，官方的数据模仿价格为 3600 元 / 年。

（三）京东

入驻京东电商平台的费用保证金为 10000 ～ 100000 元不等，平台一年的使用费用为 6000 元，还有广告展位，若是头等舱，价格更是不菲。

（四）当当网

入驻当当网的保证金为 10000 到 100000 元不等，一年的平台使用费为 6000 ～ 30000 元。

（五）阿里巴巴

入驻阿里巴巴的费用主要包括几个方面，先是购买一年的诚信通价格为 3688 元，此外，还有旺铺、模板以及各种收费软件等。

（六）一号店

入驻一号店也需要一定的费用，先是入驻费用保证金为 10000 ～ 50000 元不等，平台服务费每月 650 元。

通过以上这些电商平台的例子，我们就可以看出一个聚集众多资源的共享平台，仅仅是通过使用费用，就可以是平台获利颇丰。另外，一些在线教育平台，也会仿效这些电商的做法，收取入驻费用，如传课网，它的利润来源是收取教育机构一定的费用，不收取最终的成交额与消费额。

平台收取使用费用的盈利模式不仅在国内盛行，在国外也有一些类似案例。如 HomeAway，这是一家提供假日房屋租赁在线服务网站，HomeAway 提交的 SEC 文件显示，该公司大部分营收来自房屋信息展示收费，2008 至 2010 年，公司三年营收分别为 8232.6 万美元、1.20 亿美元和 1.679 亿美元，其中房屋信息收费占比分别为 97.2%、96.4% 和 91%。

什么是房屋信息收费呢？在向游客提供服务方面，HomeAway 会提供免费服务，如免费的信息查询服务、房源信息审查服务，以及房源信息评级服务等，对卖家也是如此，它会提供免费的流程管理、垃圾邮件过滤、表格式资讯信息等服务，但房东或者地产经理要想在平台上展示租赁信息，则需要缴纳一定的费用。

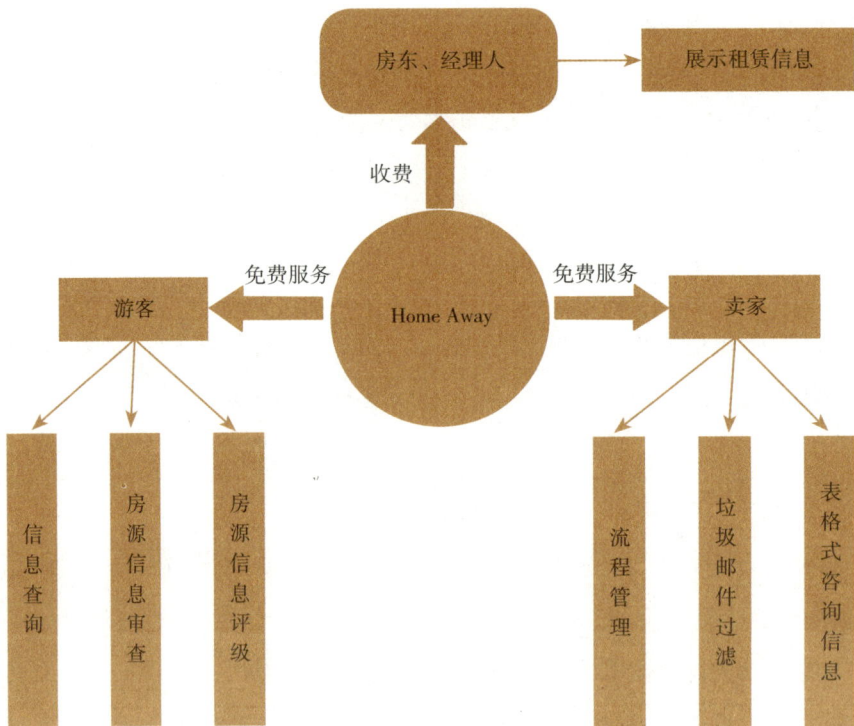

盈利模式四：收取会员费

说到会员，大家一定不会陌生，我们去理发店理发，人家会要求我们办一张卡，在里面充上一定的金额，就可以成为会员，成为会员后，每次剪发就可以打八折；去超市购物，也会办会员卡，成为会员，就可以享受到超市更多的优惠活动；甚至连我们买一件衣服，消费到了一定金额，店家都会给我们办会员卡。

同样，收取会员费也是很多共享平台常用的盈利模式，收取会员费的盈利模式，主要有三种形式。

（一）简单的会员制

简单的会员制是相对多级会员而言的，收费的模式也很简单，一次性支付使用费用，无需再支付其他费用，就可以获得所有商品或服务的使用权。

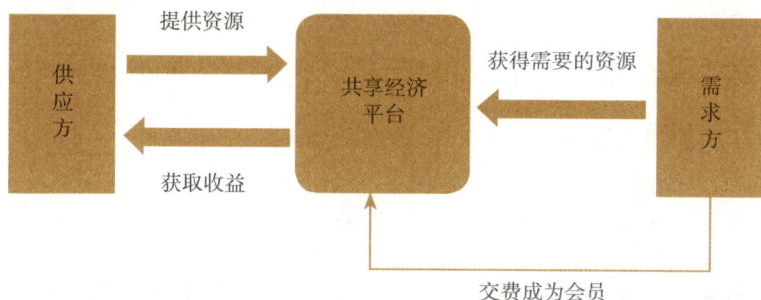

现在有很多知识共享平台都开始收费，去年出现了一款名为"学习"

的 APP 软件，最初名为"新知"，后来改为"学习"，这就是一款付费 APP，上面有很多名人大咖以及各行各业的能人在上面开课，当然，这些开课的人是能够获得一定收益的，如果你想学习，那么，就需要付费，若只听某一课堂，收费较贵，成为会员后，就可以全场免费听，而且购买的时间越长，收费越低。

此外，还有一些在线教育平台，如华图网校，用户每月交纳 980 元的会员费用就能够免费观看平台内的所有课程。

（二）会员制 + 按使用情况收费

这种盈利模式就是在会员制基础上提供额外收费的增值服务，按使用情况收费，如图所示：

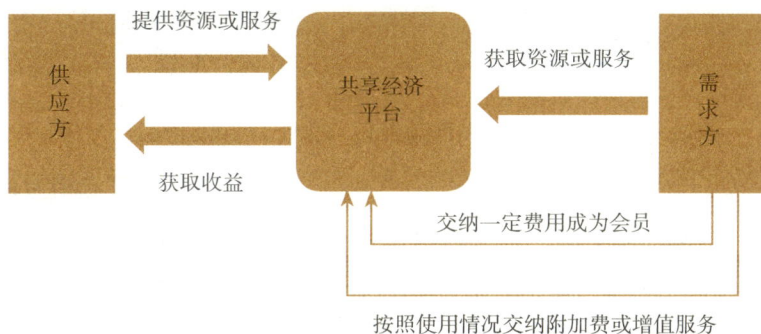

提供资源或服务

获取资源或服务

供应方　　　　　共享经济平台　　　　　需求方

获取收益

交纳一定费用成为会员

按照使用情况交纳附加费或增值服务

早在 2013 年 10 月，起点中文网就启动了 VIP 会员计划，这一举措奠定了网络文学的盈利模式，先来说一说起点中文网的供应方也就是作者，要想成为中文网的签约作者，首先，你需要发布有一定的字数，然后经过中文网相关人员的审核，才能成为签约作者，当然这些签约作者也是有等级的，等级越高，获取的收益就越高，这就是起点中文网这个共享平台的供应方。

需求方当然就是起点中文网的阅读者了，按照中文网的规定，要想成为会员，首先你注册起点账号后，需要往账号里充值一定的金额，即 50元以上，成为会员后，你在阅读文章时，还要另外消费。

（三）多级会员制

目前，共享经济平台采用多级会员制的情况也比较多见，盈利模式如下图所示，不同等级的会员支付的费用不同，或者可以使用不同的资源或者服务。

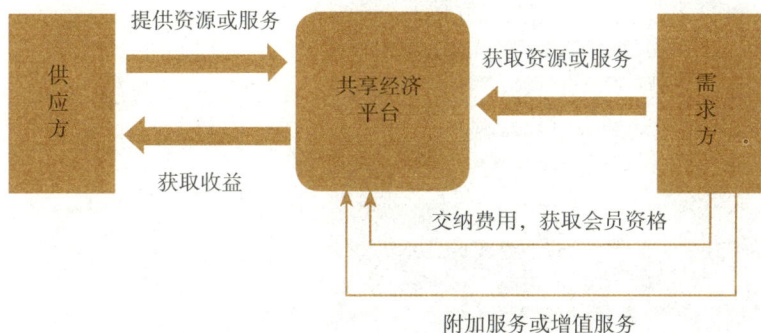

提供资源或服务

获取资源或服务

供应方　　　　　共享经济平台　　　　　需求方

获取收益

交纳费用，获取会员资格

附加服务或增值服务

依然以起点中文网为例，该网站的会员有两种：一种是初级 VIP 会员，还有一种是高级 VIP 会员。首先，成为两种会员的条件是不同的，申请成为初级 VIP 会员，账户余额 50 元（5000 起点币）以上即可，要想成为高级 VIP 会员，条件就比成为初级 VIP 会员难，起点用户在起点消费的前 12 个月内累计达到 3650 元（包括订阅 VIP 章节，给作者打赏，投更新票、评价票的消费），才能升级为高级 VIP 会员。

其次，两种不同的会员所获得的资源与服务也是不同的，初级 VIP 会员可以享受以 3 分每千字价格阅读起点 VIP 作品内容，通过使用起点虚拟货币，可以提前阅读起点中文网独家签约作品章节等，高级 VIP 会员则可以享受以 2 分每千字价格阅读起点 VIP 作品内容，通过使用起点虚拟货币，可以提前阅读起点中文网独家签约作品章节等权利。

在这里，我给大家介绍一个我参加的社群组织——秦王会，准确地说，这是一个为创业者准备的共享平台，在这里，大家可以交流创业经验，也可以寻找合作项目、合伙人等，在这个社群里，每个人都可以是供应者，也都可以是需求者。

秦王会的会员也分为等级，有学员群与合伙人群，学员群的收费是一年 1200 元，合伙人群最初是 10000 元，现在已经涨到 2.8 万，当然，不同的社群享受到的服务是不同的，我加入的是合伙人群，这个社群有什么好处呢？包括五大价值与八项支持政策。

五大价值

1 获得1万撬动百万收益的经营权
· 招募学员，获得100%学费（1200元/人）
· 学员再招募学员，获得50%学费（600元/人）
· 招募合伙人，获得年费50%分成（5000元/人）

2 免费学习14400元全年课程
· 商学院1年开设12期课程，每期收费1200元
· 合伙人免费学习一年的全部课程
· 直接节省14400元

3 获得私密赚钱指导
· 秦刚、王通、各领域大咖在合伙人群里分享
· 你可以学习到价值百万的赚钱策略
· 你可以参加干货十足的线下聚会
· 来自一线实战的赚钱指导，让你赚钱有方法

4 获得价值百万的高端合伙人人脉
· 可以获得各个领域有经济、有资源的高端人脉
· 高端人脉鼎力支持，让你赚钱有靠山

5 优先获得风险投资资格
· 优先获得参与、投资秦王会高价值项目资格
· 可以获得被秦刚、王通等投资人投资的机会
· 你可以获得推荐给其他投资人的机会
· 众多投资人给你助力，让你事业更上一层楼

八项支持

1.品牌支持　2.产品支持　3.模式支持
4.资源支持　5.策略支持　6.工具支持
7.项目支持　8.人脉支持

我个人就是受益者，我现在做的嘎嘎客共享按摩椅，就得到了秦刚老师的投资，以及通过秦刚老师的牵线拿到了3000万的天使投资。

盈利模式五：广告费用模式

广告费是很多商家的痛，为做推广营销，不做广告不行，可花了大价钱做了广告，又担心没有效果，白浪费钱，追求高效益低成本的广告宣传方式几乎是每一个商家的目标，共享经济平台具有极大的流量，且用户十分精准，因此使共享经济平台具有了广告价值。

以互联网平台为例，搜索、门户、论坛等网站都能为用户提供免费搜索引擎、视频下载等功能，为什么会让用户享受这些免费的资源呢？主要是通过这些资源来吸引大量的用户，有了用户就使平台具有了广告价值。

还有，现在的自媒体，会通过各种手段吸粉，因为大家都知道粉丝的价值，喜欢车的朋友都知道有一个叫"玩车教授"的公众号，这是一个粉丝过千万的第一企业自媒体，公司估值超过10亿元，你知道他的一篇软文广告收费是多少吗？可高达120万！"玩车教授"这个公众号运营了三个月，粉丝就达到了10万，它签下的第一笔广告费就达到了10万元。

前不久，我看了一条新闻，说今日头条2018年的广告收入目标是冲500亿保300亿，2020年信息流广告的营收目标是100亿美元。在此之前，今日头条2016年的广告收入为60亿，2017年为150亿元，由此可见，今日头条的收入目标正在成几何式增长。

要实现这个目标，要以庞大的用户为基础，今日头条创始人、首席执行官张一鸣早在 2016 年世界互联网大会上就曾透露，今日头条已经累计有 6 亿的激活用户，1.4 亿活跃用户，每天每个用户使用 76 分钟。

为了吸引用户关注今日头条，今年年初，今日头条砸了数亿元玩起了"百万英雄"，答对了 12 道题就可以瓜分数十万乃至数百万奖金，在重金的诱惑下，掀起了全民答题的热潮。不仅如此，它还采用邀请好友，分享复活卡的方式，进行病毒式营销，将旗下的产品如悟空问答、西瓜视频、抖音短视频、懂车帝等进行了一一宣传与推广。

有人说，今日头条疯了，砸了这么多钱怎么盈利啊？它的盈利模式就是先吸引用户，然后吸引商家来平台做广告，从而获取广告收入。这个套路很多平台都懂，今日头条推出百万英雄后，很多平台如百度、腾讯都紧跟其后，也开展了类似的知识问答赢奖金的活动，其实这就是一场抢人大战。

注册今日头条的用户主要有两类，一类是阅读者，注册今日头条号，主要用来看新闻以及各种咨询。还有一类是创作者，今日头条号称有 120 万创作者，这些人是内容的生产者，他们会源源不断地输出内容，并从中获得收益，这也是吸引更多用户关注的一个重要因素。

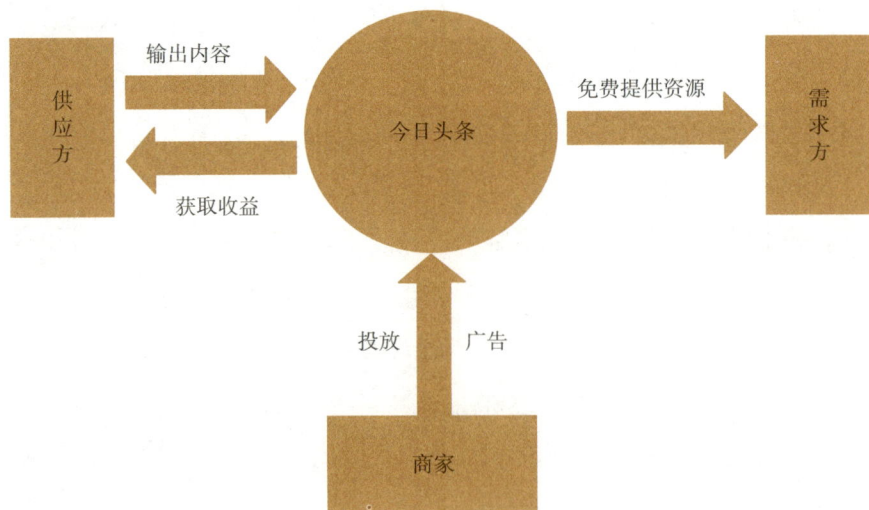

其实，现在很多类似今日头条的共享经济平台都是通过互联网模式来赚钱的，什么是互联网模式呢？用一个形象的比喻来形容互联网模式的特点就是，羊毛出在猪身上狗来买单。现在有一些共享单车厂家开始在共享单车上安装显示屏，通过实名制系统，对用户的骑行习惯进行精准的广告投放，以及营销匹配。这样一来，共享单车企业就不再只是一个出行企业，而是一个精准广告分发的大数据公司，未来的收入一定会非常可观。

共享经济平台利用获取收入的方式也并不是单一的，如按照点击数计费，按照产品销售总额、按照公司业绩、按照看广告的人数计价等方式来获得广告收入，由于广告投放的方式的多样性、低成本、高效益等特点，广告收入成为众多共享平台盈利的重要方式之一。

值得一提的是，通过共享单车这个案例，我们可以发现，共享平台拥有大量客户资源后，不仅是广告投放商的目标群体，还可以成为广告的传播主体，共享平台自己来培养忠实的用户，然后向用户有针对性地营销，推广自己的产品，这也将是一种盈利模式。

盈利模式六：利用延伸服务、衍生产品盈利

共享经济平台要想获得发展，积累用户是唯一途径，有了用户，才能产生价值，这种价值不仅是从用户口袋里掏钱，还包括由用户衍生出来的其他价值，即通过为用户提供衍生服务来获得价值。

经常使用今日头条app的用户，都会有这样一个发现，你在浏览过某

类咨询后，头条就会经常给你推荐类似的咨询。比如，你是一个体育迷，经常浏览体育方面的新闻，那么，你就会经常收到今日头条推送的有关体育的咨询，好像它十分了解你似的。那么，今日头条是怎么做到的呢？

凭借的就是智能算法推荐，据了解，今日头条共有 4 万台服务器进行运算，来保证以秒级速度收集信息，对用户特征做出反应并推送信息，简单地说，智能算法推荐就是把合适的内容推送给合适的人。

凭借着智能算法，今日头条快速抓取用户数据，精准分析用户需求，高效把关内容质量、进而实现个性化推荐的特征，深得电商平台的青睐，2016 年，电商巨头京东宣布与今日头条达成战略合作，强势打开电商＋智能推荐内容引擎的全新模式。

那么，京东为何会选择与今日头条联姻呢？作为一名消费者，他要去京东平台购物，只要登陆后，自己搜索就可以了，对于京东和京东平台上的商家来说，这是消费者自由选择的过程，能否选择在自家的商品里购物，他们完全是被动的，主动权掌握在消费者手里。

如何才能影响消费者的购物决策呢？今日头条的大数据就能帮助京东平台解决这个问题，用智能推荐算法外加消费者画像数据，就能直击消费者的痛点——需求与爱好。

京东与今日头条的合作可谓是强强联合，京东可以根据用户购买和浏览数据进行分析，了解用户需要什么，而今日头条的内容订阅推荐引擎，指向的则是用户喜欢什么。在此背景下，京东在今日头条开设了"京东特卖"，今日头条则依托个性化的数据推荐帮助京东以及京东平台上的商家实现精准的广告投放。

下面我们用一个简单地图形来梳理一下用户、京东平台、今日头条的关系。

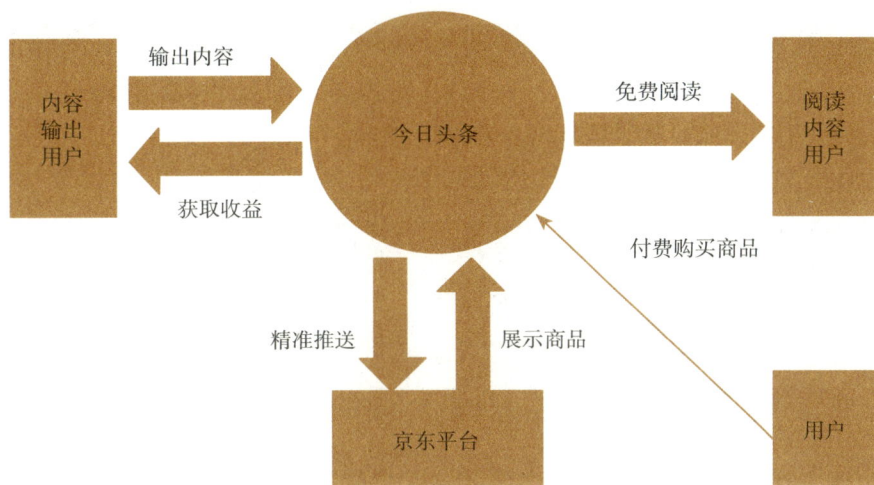

从这个图中，我们可以读出这样的信息：不向用户的共享行为收费，利用今日头条的智能算法，向用户推送京东平台的商品，用户付费购买。

下面我再将一个有关图书出版的内容，现在图书市场不是很景气，将图书印刷出来，卖不出去，只能积压在仓库，造成资源浪费，如何才能避免这种情况呢？中国移动平台推出了将新出的书事先通过手机阅读服务平台发布，然后出版社根据手机阅读提供的市场数据来决定印刷多少本书，图书的价格定在多少合适。

至于利用衍生品盈利，就更为多见了，比如，一些微信公众号会免费让用户阅读某个领域的知识，不用交会员费，只要关注，普通用户都能享受免费服务，但是如果你想了解更多的咨询，则需要购买该平台的产品才能获得。

盈利模式七：赚取差价

2016年，某二手车在线交易平台被媒体曝光，原因是号称买卖双方"无差价"的交易平台，实际上却是暗藏猫腻，暗箱操作，从中赚取大额差价。当然，这种欺骗消费者的行为显然是不对的，但是共享经济平台为供需双方牵线搭桥，促成供需双方的交易，并从中赚取差价，也是常见的盈利模式之一，其模型如下图所示：

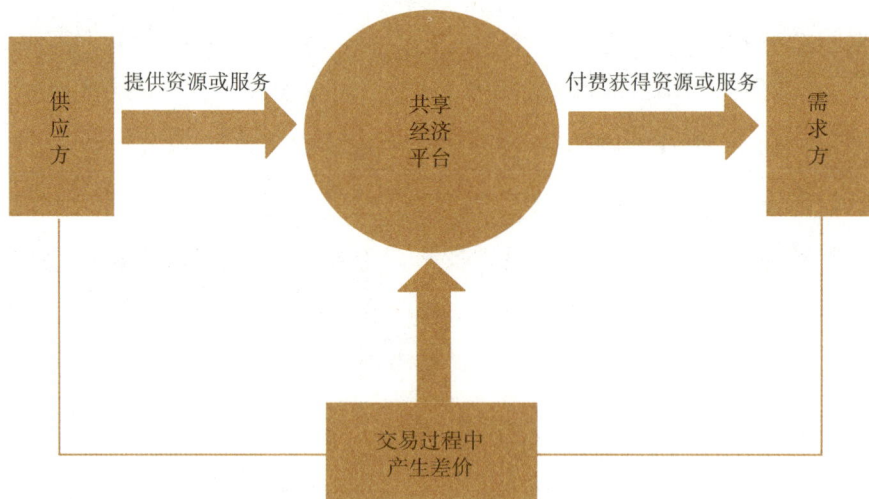

利用差价获得盈利的共享经济平台比较常见的有房产网和自媒体。如果你买过房，可能有过这样的经历，一些房产网邀请你加入买房团，并告诉你加入了买房团就可以享受一定的优惠，你加入后，房产网会组织大家一起去看房，然后帮助大家去和开发商砍价，这看似是为购房者谋福利，

实际上是在为他们自己谋福利。

因为房产网有了客户，他们就有了地产商谈判的资本，可以和地产商谈房屋折扣，也可以谈提成，总之这中间是有利润可赚的。有些房产网还会明码标价，比如链家地产，无论是过桥贷款的利率，还是中介费佣金，都一目了然。

可能有人会问：为什么买卖愿意付出房屋额外的价格呢？因为房源是二手房市场最重要的基础，有房源就意味着销量，可这些房源信息一般的消费者是无法获得的，而链接则能帮助消费者解决消息不对称的问题，并实现安全交易。

再来讲一个自媒体的案例，如果你是一个宝妈，经常关注自媒体，那对年糕妈妈一定不陌生。2014年医学硕士李丹阳（年糕妈妈）因为生了宝宝，便辞掉了工作专心研究育儿知识，并申请了一个公众号进行分享交流，因她写的内容十分实用，不少新手妈妈将其当成指南。

随着粉丝不断地积累，年糕妈妈开通了"糕粉爱分享"、"糕粉二手货"、"跟着糕妈做辅食"、"每日睡眠小知识"等互动平台，方便大家交流咨询。

经过两年时间的发展，年糕妈妈的粉丝达到了500万，开通了八个板块，有了优质的内容和庞大的粉丝，为年糕妈妈这个共享平台的盈利创造了条件，"糕妈优选"电商平台便应运而生了，2015年9月至2017年1月，该平台拿到了经纬中国和紫牛基金累计近亿元的三轮融资。

对投资方来说，他们看中的是年糕妈妈这个平台便宜的获客渠道，这个优势让他们坚信年糕妈妈这个微信公众号一定会带来庞大的市场，拿到风投后，为了便于供应链的管控，年糕妈妈选择自建平台，跟工厂与品牌建立深度合作，从绘本、玩具、婴幼儿用品等已经有了几百个SKU，到此为止，年糕妈妈这个平台已经从单纯的传播育儿知识的自媒体，变成了育儿自媒体＋电商平台，利用传播育儿知识吸引粉丝，获取粉丝信任后，成为用户，购买育儿产品，从而从中赚取利润差价。

拥有"年糕妈妈优选"电商平台及自有品牌"年糕妈妈"，在 2016 年的销售就达到了 1.8 亿元，成为内容电商领域销售排名数一数二代表。

盈利模式八：竞价排名

做过互联网推广的人，一定对竞价排名这个词不陌生，竞价排名是一种按效果付费的网络推广方式，这种营销方式最早由百度推出，之后包括雅虎、谷歌等著名搜索引擎网站全都使用了竞价排名的营销方式，其中百度的竞价排名收入已经占到了总收入的90%以上。

竞价排名按照付费最高者排名靠前的原则，对购买了同一关键词的网站进行排名的一种方式，按照点击付费，推广信息会出现在搜索结果中，通常位置都会靠前，如果没有被用户点击，则不需要收费。不过，竞价排名的价格是非常高的，有些关键词在 Google 上的价格达到 20 ～ 30 美元 / 点击一次。

之前，我们讲过共享经济平台的一个盈利模式之一就是广告费，共享经济平台积累了大量的用户，就使其具备了广告价值，因此也就具有了通过竞价排名的方式获取利润的可能，现在有不少平台会采取竞价排名的模式来盈利。

比如，大家熟悉的淘宝，以淘宝钻石展位为例，钻石展位展示网络推广是以图片展示为基础，精准定向为核心，面向全网精准流量实时竞价的展示推广平台，也是淘宝上最为常见的付费推广方式之一，很多淘宝卖家都是通过它来进行推广营销。

目前，淘宝的钻石展位有两种计费方式，如下图所示：

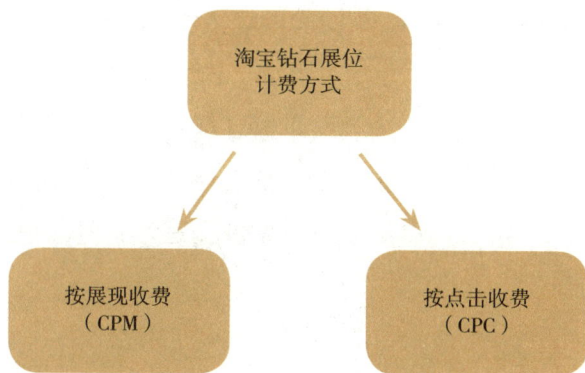

```
        ┌──────────────┐
        │  淘宝钻石展位  │
        │   计费方式    │
        └──────────────┘
          ↙        ↘
┌──────────────┐  ┌──────────────┐
│  按展现收费   │  │  按点击收费   │
│   （CPM）    │  │   （CPC）    │
└──────────────┘  └──────────────┘
```

按展现收费（CPM）：是指按照每千次展现收费，点击不收费。按照竞价高低进行排名，价高者优先展现。如最终出价为广告被浏览 1000 次收取的费用为 10 元，这种推广方式的好处是可以精准化圈定人群。

按点击收费（CPC）：展现信息是免费的，但若有人点击则要收费，这种推广方式的好处在于可以自己控制成本。

除了淘宝外，阿里巴巴也会通过竞价排名的模式盈利，关键字竞价是阿里巴巴网站转为诚信通会员定制的一种搜索排名服务，它能让企业在搜索结果中排在项目的位置，从而提高成交率。

竞价排名是诚信通会员专享的搜索排名服务。当买家在阿里巴巴网站搜索供应信息时，竞价企业的信息就会被排在搜索结果的前五位，这样卖家就可以第一时间看到信息。每月竞价结束后，夺得任一关键字排名第一位且成功付款的会员，被称为关键字的标王，将在下月获得标王推广。

除了一些电商平台采取竞价排名盈利外，房租租赁类的平台也会采取这种盈利方式，如 HomeAway，之前我们讲过，HomeAway 的主要营收来自房屋信息展示收费，除此之外，HomeAway 在其网站上出售广告，在 HomeAway 旗下大多数网站上都有广告展示业务，它们会根据广告的位置和广告印象（放置广告图像的网页每显示一次，为一个印象）的数量来向广告主收取费用。

此外，赶集网和 58 同城也有置顶收费的盈利模式，这两个网站的知名度比较大，加上租房信息量非常大，更新速度非常快，所以，这两个网站会采取限定注册用户每天发布信息量的方法，让用户付费。以赶集网为例，普通用户一天只能发布一条出租信息，很显然，在信息海量的网站中，这样一条信息很快就会被淹没，要想长时间出现，只能付费置顶。

盈利模式九：借助第三方平台分成模式

这一节要讲的共享经济平台盈利模式，即借助第三方平台分成，涉及到跨界合作。以 HomeAway 为例，它除了房屋信息展示收费、广告费的盈利模式外，还会与第三方合作，采取收入分成模式来增加公司营收，提高用户体验。

HomeAway 向用户提供的第三方服务包括旅游保险、房屋损坏、退税服务、信用卡商业账户，这些服务用户通过 HomwAway 网站从第三方服务提供商手中买到，而 HomwAway 则按一定比例与第三方分成。

此外，HomeAway 还与很多在线旅游公司合作，将一些待租赁的房屋及相关信息推荐给他们，然后参与收入分成或直接收费。

从 HomeAway 借助第三方平台分成的盈利模式中，我们可以看到 HomeAway 与旅游公司、房屋租赁公司、保险公司等都有合作。从而使

HomeAway 的盈利模式更加的多样化。以下是 HomeAway 借助第三方平台分成的盈利模型图。

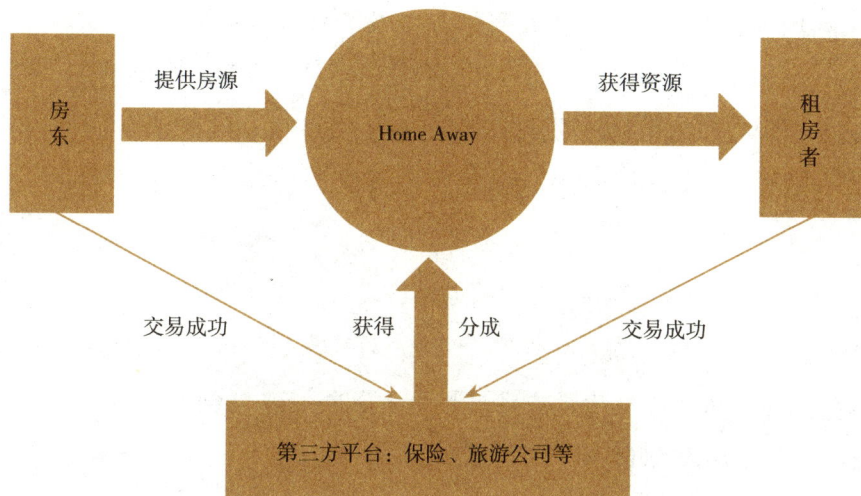

其实，目前的短租平台也可以学习 HomeAway 的这种盈利模式，比如引入保险公司及物业管理公司，一方面可以保证房东及房客的财产安全，另一方面还可以确保房屋的日常清洁维护，还可以与旅游公司合作，在线旅游网站为短租网站带来流量，而短租网站则可以丰富在线旅游房源的类型，让用户有更多个性化的选择。

短租平台的跨界合作并不是一种幻想，而是将来发展的一种必然趋势，蚂蜂窝大数据显示，2016 年自由行用户对民宿的关注度大幅上升，需求增长率高达 500%，这说明民宿这种非标住宿形式正在被人们接受，会有越来越多自由行用户选择这种住宿方式，艾瑞咨询发布的《2017 年中国在线短租行业研究报告》指出，在线短租市场需求旺盛，市场规模继续维持高增长态势。

以上数据说明，跨界合作不仅将会成为短租平台提高竞争力的法宝，而且也将是短租平台新的盈利增长点，根据旅游市场的需求，在线短租平台可以合作的对象大致有三类：

（一）旅行社

2016 年度短租市场发展报告显示，80、90 后已成为短租消费的主要对象，它们在出游的时候更愿意体验当地的特色，定制旅游正成为一种流行趋势，那么，短租平台就可以尝试与旅行社合作。

（二）房主

短租民宿吸引游客的一个重要原因就是可以住在当地人家里，深入地体验当地人的生活、风俗习惯，而这个过程就需要房东提供服务，如在木鸟短租平台，平台上带有地主之谊服务标签的房东，就可以帮助游客购买土特产、出游指导等服务。

（三）预定平台

外出旅游，交通费用也是一笔不小的开支，虽然现在人们的出行方式有很多，但预定平台较为分散，这给人们的出游带来了很多不便，如果短租平台与出行预定平台合作，双方不仅能够共同获利，实现双赢，还能获得新的流量入口。

总之，我认为未来的在线短租市场，不能只盯着住宿行业这一个盈利点，还应该将入住前后的服务纳入进来，需求更多的跨界合作，借助第三方平台获取分成收益，也将是一个非常可观的盈利点。

第七章　共享经济案例

嘎嘎客共享按摩椅：
让每个人都能享受按摩的惬意舒适

2017 年，我赌上了身家性命投资共享按摩椅，给它起的名字是嘎嘎客共享按摩椅。我开办公司有 10 年了，从来没有如此疯狂过，我为何钟情这个项目，甚至用上全部家当呢？从市场反馈来看，这是一个非常好的项目，市场前景非常大，而且是准赚不赔的项目，下面我就给大家具体介绍一下嘎嘎客共享按摩椅这个项目。

（一）一个项目是否值得投资需要考察的五大方面

一个项目是否值得投资，应该从五个方面去考察，如下图所示，那么，共享按摩椅符合以下五大方面中的哪几点呢？

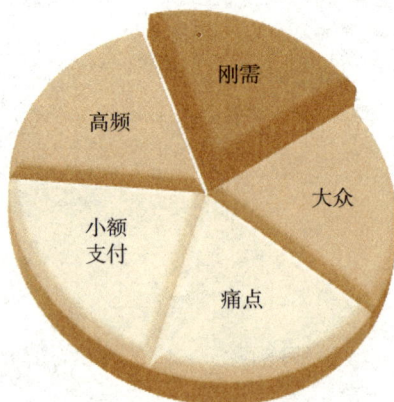

五大考察要点

1. 刚需

共享按摩椅可以放在任何人们需要等待停留、容易无聊或者疲劳的场所，总之人们只要需要放松的地方，都可以摆放。由此可见，共享按摩椅是一种刚需产品。

2. 大众

比如，大家在银行等候办理业务或者去飞机场等待登机的时候，都需要找一个舒适的地方休息，如果还能按摩，那当然是再好不过了，所以，共享按摩椅满足了大众的需求，而且人人都能消费得起。

3. 痛点

人工按摩无法当场进行，常常需要我们到指定的地点才能消费，而且占用的时间较多，而共享按摩椅只要出现在他当时停留的现场，就可以利用碎片化的时间来放松一下。

4. 小额支付

以商场的游乐设施为例，常常需要先购买游戏币，然后投币游戏，很麻烦，因为现在人们能很少带现金，更不用说零钱了，对游乐园来说，还需要有人来专门负责兑换游戏币，管理游戏币，浪费成本。

共享按摩椅则不需要这么繁琐的过程，微信扫一下就可以支付了，根据选择的服务时长，一般一次消费5～20元，相当于发个红包，人们对这个金额是无感的。

5. 高频

利用碎片化时间按摩放松一下，这个行为很容易养成习惯，共享按摩椅越普及，越变得随处可见，就越容易成为更多人的高频消费。

（二）嘎嘎客共享按摩椅项目的优势

机不可失失不再来，我之所以会如此全力以赴地投资嘎嘎客共享按摩椅项目，是因为我看到了这个项目的巨大优势，是其他生意所无法比拟的。

1. 市场巨大

我曾做过估算，共享按摩椅在我国年市场消费量在500～1000亿人民币之间，这是保守估计，实际可能会更高，可以说市场是十分巨大的。

2. 无需教育消费者

我有一个朋友曾做过一款国外进口的保健产品，因为推出的是一种全新的概念，国内的消费者对这个新的健康概念并不了解，所以，朋友在推广这款产品时，需要反反复复地给消费者将这款产品的功效，教育市场的过程是非常痛苦的，所以，导致这款产品始终不温不火，朋友最终不得不选择放弃。

但共享按摩椅不同，不用教育，人们看到椅子就知道该什么的，坐上去如何按摩使用呢？看一眼操作面板就明了了，而且在人们等人等车等飞机的时候，都可以边休息边按摩，缓解疲劳不适，心情也会愉快起来。

3. 符合现在消费升级的轻奢路线

现在找真人按摩太奢侈，不仅是贵的问题，而且时间消耗不起，很多白领花几千块钱在美容 SPA 办了卡，却挤不出时间去用，一个月不一定能去一两次。按摩椅时间短，每次消费的钱也不多，随时随地都可以使用，钱和时间都没有压力。

相信随着共享按摩椅大量的投放市场，以后消费者在哪里都可以找到按摩椅，写字楼、小区、医院、学校、商场、车站、机场，只要想起来要按摩一下，按摩椅随处可见，一个东西越容易获取，用户重复消费就会越高。

4. 支付方便

目前，在我国线下消费基本上都可以扫码付款，微信支付改变了很多商业模式，共享按摩椅若没有微信的支持，基本没有市场，但有了微信，它就变成了宝。经营者不用派专人守着收钱，也不用怕消费者没带钱，现在人就是忘了带钱也不会忘了带手机，扫一扫就付了，也不用找零。

（三）这是一个可以让代理商轻松赚钱的项目

现在全中国人民都想创业，所以，才有了全民微商的壮观场景，但是真正能让大家不用花太多投资，不用太动脑筋，就能稳赚钱的项目太少了，共享按摩椅则是一个非常不错的机会，投入可大可小，你可以投资几千万，拿下机场车站商场，也可以投资几千元，放在自家门口的小店。

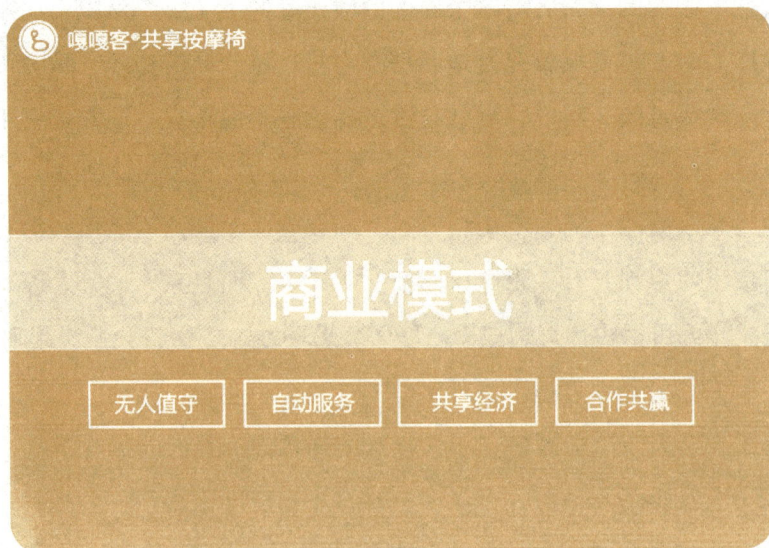

嘎嘎客®共享按摩椅

商业模式

无人值守　自动服务　共享经济　合作共赢

代理商不需要懂营销、技术、互联网只是，只需迈开腿、张开嘴，拿下场地，把机器放进去就能自动赚钱。目前已经做按摩椅的代理商，只要找的不是偏僻的场地，最快2个月就可以回本，最慢一年可以回本，这种稳赚不赔的项目太难找了。

另外，代理商也不怕别人一家独大，中国最好的一点就是地大人多，没有任何一个玩家能够把共享按摩椅市场通吃，这就决定了每个代理商都有存活的空间。

比如某个代理商的姐夫是医院的负责人，谁都不可能把这个代理商踢走。中国是人际关系社会，特别是小城市小县城，你有再多资本也没有用，就是地头蛇代理商的天下。

当代理商意识到自己很安全，不可能被厂商取代，同时还每天不用忙忙碌碌干活就稳定赚钱的时候，他们爆发出来的能量会十分惊人，能量爆发以后就需要拼命累成狗吗？并不是。共享按摩椅的代理商非常省事，机器不需要经常去维护，不需要像经营自动贩卖机、娃娃机那样经常去上货，唯一需要做的就是收钱，带着满意的笑容去巡视一下自己的领地，同时拍照发个朋友圈晒一晒即可。

（四）强悍的团队执行力

为什么嘎嘎客共享按摩椅会成功？因为我们有强悍的团队执行力，主要表现在以下几个方面：

1. 技术

共享按摩椅需要非常复杂的技术系统，举一个简单的例子，共享按摩椅需要一个能够支持海量计费数据的系统，我做了10年的400电话，众所周知，400电话系统就是支持海量复杂的计费数据，谁打了多少分钟，哪个代理的客户，都一清二楚，400电话比按摩椅运营计费系统可复杂多了，所以，我们做嘎嘎客共享按摩椅可谓是小菜一碟。

2. 管理代理团队的能力

我做了三年不囤货微商代理团队，积累了丰富的管理经验，管理微商与管理共享按摩椅代理来说，复杂得多，就这一点，我就可以秒杀其他很多共享按摩椅的玩家了。未来嘎嘎客会有几万人的代理团队，将共享按摩椅铺得到处都是，甚至在一些农村得小卖部门口，你都能看到有人坐在嘎嘎客上按摩。

3. 自媒体资源

秦王会和秦王会商学院是嘎嘎客共享按摩椅的种子投资人，秦王会和秦王会商学院背后基本上是中国最大的创富自媒体的资源。这些资源可以在最短的时间让嘎嘎客共享按摩椅被创业人群所认知，从而吸引代理加入，同时也让拥有场地的商家知道嘎嘎客，为代理开拓市场扫清道路。

4. 最匹配的天使投资人

嘎嘎客共享按摩椅的天使投资人是张恒，他已经投资了30多家公司，基本上都是消费升级类，几乎没有失败的项目。最被大家熟悉的就是名创优品，3年发展了2000家店，100多亿年销售额；还有胡桃里，是现在中国发展最快的音乐夜店。张恒选择投资嘎嘎客按摩椅，足可见这个项目是多么的诱人。

（五）嘎嘎客共享按摩椅代理常见问答

代理商在决定代理一款产品时，往往会有这样那样的疑问，下面我就将这些常见的疑问罗列出来，为大家一一解答。

1. 按摩椅质量如何，是否舒服

嘎嘎客共享按摩椅属于中高端产品，生产厂家主要做出口业务，而且建厂时间较长，我们在选择厂商时，也是经过考察、比较的，所以，关于按摩椅的质量是不用担心的，按摩起来也非常舒服，并且电脑会自动检测体型，无论什么样体型的人，坐上去都不会有问题。

嘎嘎客按摩椅特有优势

背部加热 温感热敷

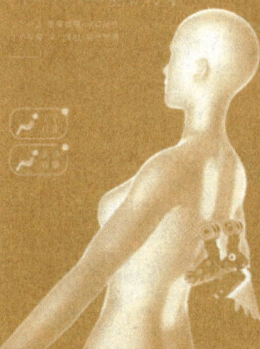

12大手法 交织融合

嘎嘎客按摩椅特有优势

肩部气囊

臀部气囊

腿部气囊

全覆式气囊包裹

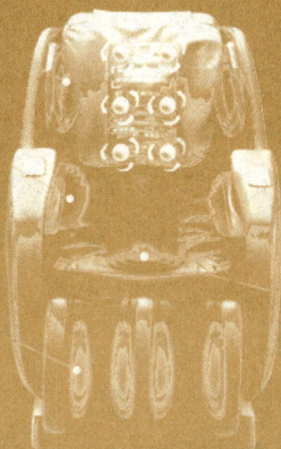

坐垫气囊

不用脱鞋，方便美观无异味

2. 按摩一次多长时间，怎样收费

代理商如何定价，我们不会过多干涉，但我们会给出行业建议，告诉你如何定价是比较受欢迎的。按摩10分钟的收费，一般从8～20元不等，你要根据当地经济发展情况，老百姓消费水平，来制定一个让消费者愿意接受的价格。其实就算是8元，已经是在赚钱了。

我的建议是，价格可以低一些，建立用户忠诚度，这样消费者就可以多用几次，赚的钱就出来了，而不是把价格设计得很贵，机器闲着也不能赚钱。

3. 如果有人只躺在按摩椅上休息不消费怎么办

这种情况确实会发生，针对这种情况，我们的产品也做了优化改善，比如嘎嘎客按摩椅将扬声器放在了头枕附近，会提醒用户这是一个付费消费的产品，而且我们的机器会有感应，如果消费者坐在上面不付款，机器也不会放倒，坐在上面也不会很舒服。

目前市场上投放的共享按摩椅是可以免费坐的，但运营者依然赚钱，所以，大家不用纠结这点资源浪费。

4. 选择的场地租金多少为宜

我们在北京王府井的商圈里投放的按摩椅，每台按摩椅每月的租金为700元，这是北京的核心，价格相对较高北京五环商场的租金是每台每月500元，如果你不在一线城市，那么，你的租金肯定是要低于这个价格的，若是一线城市，每台每月的租金500～700元就已经到顶了，二线城市的话，200～500元为宜，三线城市100～300元为宜。

5. 共享按摩椅生意需要配备专业的人员吗

完全不需要，去掉按摩椅的外包装，通上电，扫码支付，就可以将生意运转起来了。

6. 一台按摩椅的价格是多少

一台按摩椅的出厂价为3800元，运费为100～200元不等，我们

承诺不会加价，不会赚取代理商购买按摩椅的钱，平台只赚流水佣金的10%。

另外，一台就可以起订，至于订得多是否有优惠，我想告诉大家的是这是团体价格，不能再优惠了。

此外，嘎嘎客每6个月会进行产品大更新，以下这款是我们今年春天刚刚推出的新款。

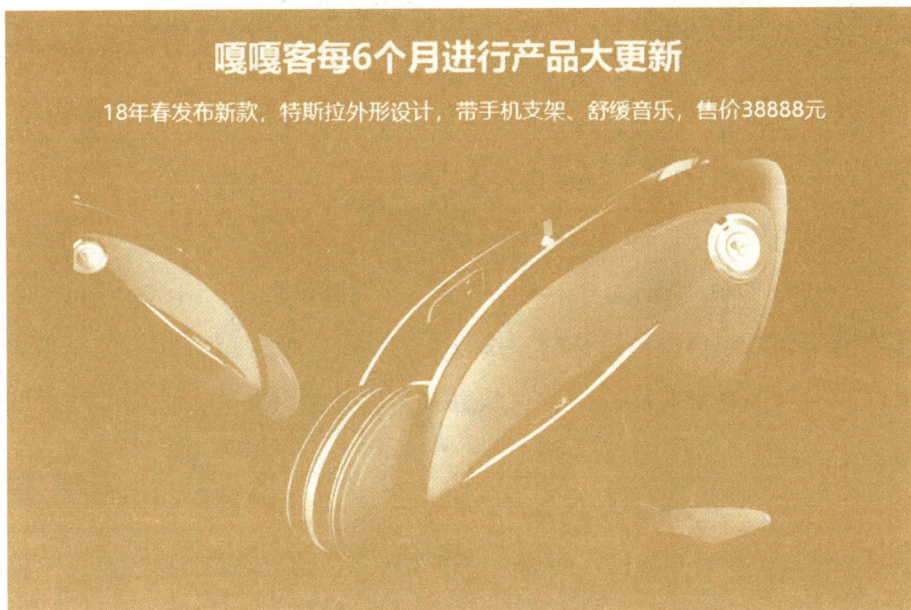

7. 售后问题如何解决

如果按摩椅出了问题，需要修理，该怎么办？公司会协助解决，我们会尽全力解决代理商的后顾之忧，让大家高枕无忧的赚钱。

8. 代理商可以招募二级代理吗

我认为这么好的项目，知道的人越多，越没有优势，一位比你有资源有资金实力的人看上了这个项目，海量覆盖，那么你的机会就少了，你的设备可能会被挤兑出去。当然，如果你非要招代理，我们也不会管，但我们只针对你进行管理与扶植，其他关系，则需要你自己去梳理。

9. 按摩椅里的 4G 模块每月的流量费用多少

我们不收取任何费用，全部费用由公司承担，就算是公司送给代理商的增值服务吧。

10. 如何防止二维码被别人恶意替换

首先这个二维码是制作上去的，不是轻易就能替换的，再有，我们入驻的场所，不是在大街上，场所里大都会有保安，他们也会帮我们盯着点，其实，现在的摄像头就可以吓退不法分子了，大家不用担心。

11. 公司提供贷款吗

我们不供贷，代理商自己投资，自己去铺货，我们自己会购买设备，会铺自己的渠道，当然，如果你有合适的渠道，可以考虑合作方式。

12. 账目多长时间返款

因为用户采用微信支付，所以钱会直接到腾讯公司，腾讯把钱打给嘎嘎客公司，我们会按照月结的方式给大家返款，平台扣除 10% 的交易流水，剩下的钱全部打给代理，付款方式可以是银行转账，也可以是支付宝，或者微信。

13. 跑商场招商部的协议模板是否可以提供给代理商

当然可以，这是我们对代理的必要支持，公司会将资料整理出来，提供给大家，我们也会在代理群里通知大家何时领取。

14. 共享按摩椅项目如何做

代理商付费加盟嘎嘎客品牌，一次性加盟费初期很优惠，只需要 3000 元人民币，后期会涨价，以当时报价为准，因为品牌价值越大，加盟的价格会越来越高，如果是个行业第一品牌，恐怕就是天价加盟费都会有人乐意为此买单。现在是初创时期，只会象征性收费。

付费成为代理后，可以享受代理服务，主要通过交流群来实现，公司有相应的平台运营系统、资料支持，以及全套方案分享，当然，要想赚钱，最根本的还是要靠大家自己的努力。

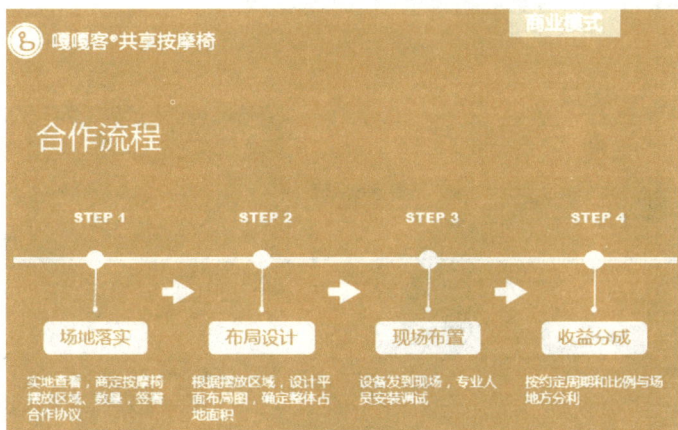

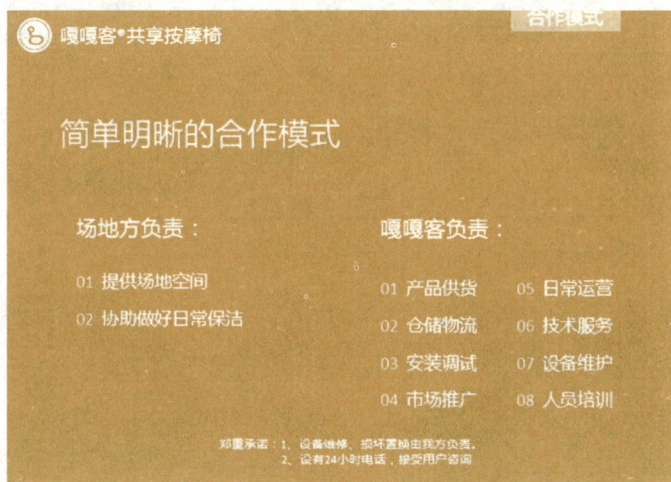

（六）代理嘎嘎客共享按摩椅能赚钱吗

任何一个行业都有赚钱都有赔钱的，这是不争的事实，所以，我只能告诉你嘎嘎客共享按摩椅的赚钱概率很大，而且已经有不少人赚到钱了，这个项目是否赚到钱，关键在于勤快，只要你认为自己是足够勤快的人，多跑市场，赚钱可以说是十拿九稳的事情。

事实胜于雄辩，那我们看看那些代理嘎嘎客共享按摩椅的人都是哪类人，他们曾经的职业五花八门。

创业十八年，表面上自由，其实工作以外的事啥都是"没时间"。两个孩子的成长历程，我错过许多。
现在，我可以赶在变老之前，弥补对家人的亏欠。

林雨　四川泸州
5个月铺下130台嘎嘎客共享按摩椅
投资52W，实现每月纯利11W+

嘎嘎客·创业展播 (1)

人到中年，岁月无声……
爱子向往出国游学的美梦，家人需要安定富足的生活
而我已经不再习惯于8小时坐班，也无法承受高风险投资带来的家庭动荡
机缘巧合遇到嘎嘎客，如生命曙光般出现，我不再犹豫

廖启华　广东广州
5个月铺下98台嘎嘎客共享按摩椅
投资40W，实现每月纯利9W+

嘎嘎客·创业展播 (2)

越努力越幸运，越运动越快乐！我想给自己一次说走就走的旅行，想让运动成为生活的乐趣……风风雨雨的人生路上，为了赚钱而打拼多年，做过很多种行业，那些梦想却变得越发遥不可及。

2017我开始运营嘎嘎客按摩椅，让理想生活成为了现实！

猛哥　河南周口
3个月铺下50台嘎嘎客共享按摩椅
投资21W，实现每月纯利6W+

嘎嘎客·创业展播 (3)

我就是要一个一个实现你的梦想，先去浪漫的土耳其，再去东京和巴黎……

王昆仑　河南郑州
5个月铺下24台嘎嘎客共享按摩椅
投资10W，实现每月纯利2W+

嘎嘎客·创业展播 (4)

做过的行业很多，每天起早贪黑，钱没赚多少，陪伴家人的时间越来越少。
如今做嘎嘎客共享按摩椅，让我有了更多时间来陪伴家人。

郝瑞栋　北京
5个月铺下100台嘎嘎客共享按摩椅
投资40W，实现每月纯利10W+

嘎嘎客·创业展播 (5)

又当爹又当妈的女人真心不易，工厂夜班把我拖出职业病，白天还要照顾女儿……直到遇见嘎嘎客，我重新看到前方的希望。

江燕　四川成都
3个月铺下19台嘎嘎客共享按摩椅
投资8W，实现每月纯利1.5W

嘎嘎客·创业展播 (6)

30岁了，刚刚成家，承载的责任越来越大，朝九晚五的工资收入已不能满足家庭的开支，开辟第二产业是当务之急！嘎嘎客做了几个月，发现比上班赚的多多了！

张小国　陕西汉中
5个月铺下50台嘎嘎客共享按摩椅
投资20W，实现每月纯利5W+

嘎嘎客·创业展播(7)

07年至今做商品期货十余年，几番沉浮，算一算回报率竟远不及魔都房价...人生啊选择比努力重要一百倍，嘎嘎客这个投资模式我太喜欢了！

许豪樑　上海
3个月铺下42台嘎嘎客共享按摩椅
投资17W，实现每月纯利3W+

嘎嘎客·创业展播(8)

在国外打拼多年，与家人远隔大洋，朝思暮想，却不敢轻易放弃事业，17年9月遇到嘎嘎客就毅然回国了，我觉得非常幸运，现在能与家人团聚了，赚的还不比国外少。

白娟　陕西宝鸡
3个月铺下34台嘎嘎客共享按摩椅
投资14W，实现每月纯利3W+

嘎嘎客·创业展播 (9)

27岁了，两个娃儿的父亲，老二呱呱落地的时候我决心找点生意做，再不能像以往那样辛苦一年也赚不上几个钱。前几天跟老爸汇报收入，说了一个小时他才信，哈哈！

冉祥　重庆巫溪
2个月铺下12台嘎嘎客共享按摩椅
投资5W，实现每月纯利9K+

嘎嘎客·创业展播 (10)

一个在农村长大的孩子，到深圳打工10年，真的不知道有啥收获，后来出去创业，干了一年赔了十几万，接着就像个无头苍蝇到处乱撞，天天就想，干点啥好呢？直到…

景旭敏　山西运城
3个月铺下34台嘎嘎客共享按摩椅
投资14W，实现每月纯利2.6W+

嘎嘎客·创业展播 (11)

做了30多年地理老师，天天围着地图打转却不曾亲自走出去看看这个世界。13年开始做过淘宝等副业，耗费精力不说还赔了30多万。现在，我周游世界的夙愿终于有望实现。

于信　云南红河
4个月铺下49台嘎嘎客共享按摩椅
投资20W，实现每月纯利3.8W+

嘎嘎客·创业展播 (12)

前几年承包大学食堂，起早贪黑，挣下了第一桶金，买了房子和奔驰，后来炒股、干养殖场，赔光了积蓄。人生没有一帆风顺，大不了从头再来，我相中嘎嘎客绝对行，卖了奔驰狠狠干！

刘明　河北保定
4个月铺下70台嘎嘎客共享按摩椅
投资30W，实现每月纯利5.5W+

嘎嘎客·创业展播 (13)

我是军队自主择业干部，进入社会依然保持着在部队一样的好胜心，我想通过创业证明自己。咱拥有的，就是用不完的干劲。

谭亚平　湖南株洲
4个月铺下33台嘎嘎客共享按摩椅
投资14W，实现每月纯利2.3W+

嘎嘎客·创业展播 (14)

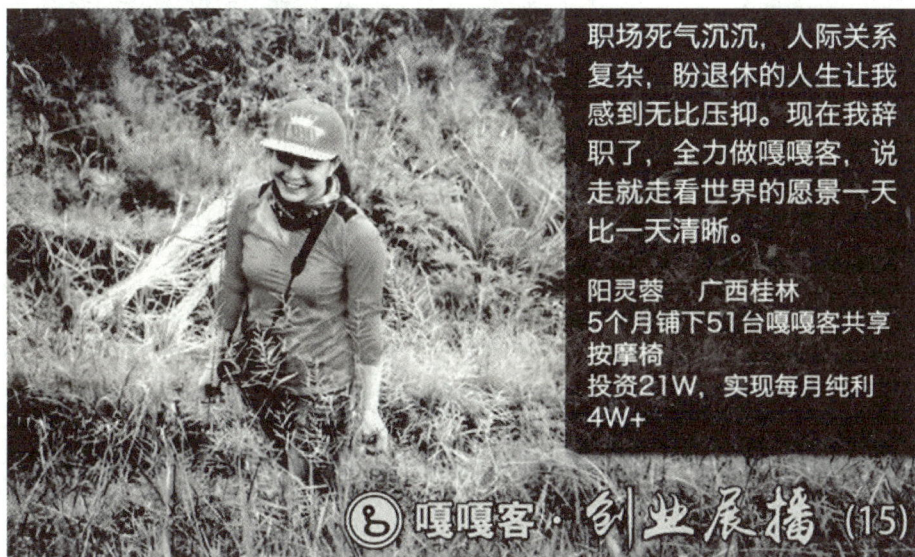

职场死气沉沉，人际关系复杂，盼退休的人生让我感到无比压抑。现在我辞职了，全力做嘎嘎客，说走就走看世界的愿景一天比一天清晰。

阳灵蓉　广西桂林
5个月铺下51台嘎嘎客共享按摩椅
投资21W，实现每月纯利4W+

嘎嘎客·创业展播 (15)

赚过千万，亏过千万，几经大起大落之后，越发厌恶风险，一直寻找稳健的投资项目。我发现嘎嘎客几乎零风险，现金流稳定，回本快，再也不想碰其他产品了。

陈元剑　浙江温州
5个月铺下97台嘎嘎客共享按摩椅
投资39W，实现每月纯利7W+

嘎嘎客·创业展播 (16)

投身少儿培训行业十几年，花费了大量的时间和精力，除了收获孩子们天真无邪的爱，却不曾让我得到一个男人真正想要的成功。不甘平淡一生，嘎嘎客让我重燃斗志！

邹国俊　江苏南通
5个月铺下50台嘎嘎客共享按摩椅
投资20W，实现每月纯利4.2W+

⑧嘎嘎客·创业展播 (17)

受经济大环境影响，手下两家公司相继倒闭，背上巨额债务，也让家庭陷入困境。输阵不输人，依然有人愿意融资给我，为了老婆孩子，重新开始，全力以赴！

老魏　四川成都
5个月铺下268台嘎嘎客共享按摩椅
投资108W，实现每月纯利23W+

⑧嘎嘎客·创业展播 (18)

　　以上这些只是众多代理商的冰山一角，赚钱的代理商不胜枚举，他们可以，我相信你也一定可以！

在行&分答：打破旧有知识传授模式

你听说过"马桶时间"这个词吗？这是汪涵在某知名娱乐节目中对姬十三的承诺，他要捐出自己的"马桶时间"。或许你会觉得"马桶时间"微不足道，其实不然，有人曾计算过，一个人一生中至少有 100000+ 分钟是消耗在马桶上的，所谓的"马桶时间"其实是"分答"提出的一种时间管理观念。

那么，在马桶上的 5 分钟可以干什么呢？你可以在"分答"上收听 5 条精彩的答案，也可以回答"分答"上的问题。回答"分答"上的一个问题，受到恩惠的不仅是提问者，更能让很多有同样困惑的人解开疑问。

现代社会节奏越来越快，各类信息纷繁复杂充斥在我们生活的方方面面，导致很多时间被各种无用的信息占用，可支配的时间越来越少，越来越碎片化，利用"马桶时间"来获得知识，或者分享你的知识，都能实现时间的有效管理。

（一）"分答"到底是什么

"分答"到底是怎样的一个 APP 呢？它又是如何实现知识变现的呢？"分答"是果壳系团队利用五六年的时间，在知识经济上深入思考和研究的结果，于 2016 年 5 月 15 日上线，是国内领先的付费语音问答平台，它可以帮助人们快速地找到可以帮助自己的人，用一分钟时间为人们答疑解惑，进行知识传播与分享，实现了知识技能变现。

"分答"APP，从需求端来说，知识付费是消费升级在知识领域的体现，从供给端来说，移动互联网的发展给予了强大的技术知识，尤其是移动支付的普及，使变现更加容易。

（二）分答如何用

分答 APP 中主要有三种角色，分别是回答者、提问者、偷听者，回答者回答自己选择回答的问题，就可以获得 90% 问题酬劳以及所有偷听者每人 0.5 元的偷听费；提出者提出问题，可以付出问题酬金，获得所有偷听者每人 0.5 元偷听费；偷听者听自己感兴趣的内容，每次需要付出 1 元偷听费。

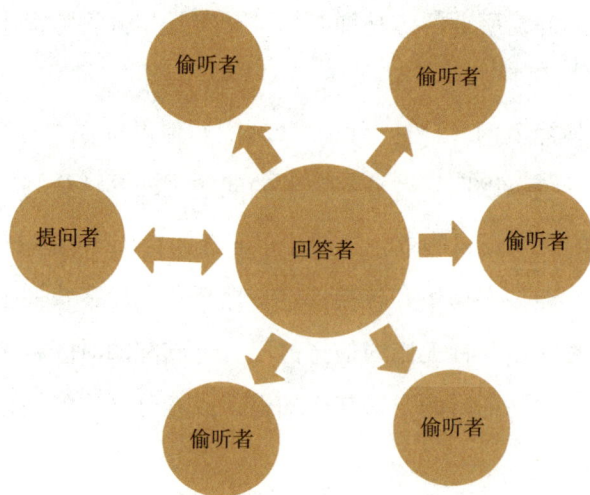

分答APP知识传播模式

那么，分答是如何盈利的呢？它可以从提问者的酬金中收取 10%，此外，分答还有一个追问功能，如果答主接受追问，继续回答了提问者的提问，提问者可以在 24 小时之内再免费追问一次，同时偷听者也有收益，两次回答只需要付费 1 元即可。

（三）哪些人成为了"分答"的答主

在过去，某一领域的行家、大 V 要实现知识变相，主要靠软文、授课等收入，分答的机制让这些人实现了用头脑中的知识来变现，所以，该平台已经推出，就吸引了众多行家、大 V 的加入，目前，分答的 APP 的答主包括行业热点人物、专业身份以及各大平台 KOL，在答主构成中，分答知识大 V 比重远远超过泛娱乐话题。

比如，大家熟悉的网红、投资人王思聪就是答主之一，他开通分答后，仅用一天时间，就成了分答上赚钱最多的人之一，向他提一个问题，最初的价格为 3000 元，后来又涨到了 4999 元，可见其吸金能力。

知名自媒体人罗振宇、国际巨星章子怡等人也成为了分答的答主，除此之外，医生和自媒体人也十分受欢迎，"分答"上活跃的医生，擅长领域包括内科、胸外科、妇产科、牙科等，而且大多是医学博士，提问的价格大多在 50 元以内。

自媒体人如六神磊磊、张佳玮等，这些我们平时只能读他们文章的人，现在也可以通过语音听到他们的声音了。

分答本质上是个娱乐化的社交工具，是"知识网红"的变现，虽然目前分答很火爆，但我认为还是有一些缺点呢？如只有答主才能语音，这种单向语音无法让提问者与答主实现有效沟通，从这一点上来看，若说"为知识付费"就有些牵强了，更像是"为沟通机会付费"，如果提问者与答主能够相互沟通，就更好了。

Zipcar：让出行更方便

罗宾·蔡斯是共享经济的鼻祖，2000 年，她与安特耶·丹尼尔斯共同创办了 Zipcar，这是美国的一家分时租赁互联网汽车共享平台，该平台以"汽车共享"为理念，其汽车停放在居民集中地区，会员可以通过网站、电话和应用软件寻找到可需要的车辆，然后选择就近预约取车和还车，开启汽车、锁车都可以通过一张会员卡完成。

现在人们在谈到共享经济时，就不得不说 Zipcar，它已经成为共享经济的典型代表，我认为 Zipcar 做得之所以成功，离不开三个大的因素。

（一）社会的大环境

现在很多大城市都备受交通拥挤的困扰，就拿熟悉的北京为例，在上下班高峰期开车出门，没有骑单车快，到了目的地，找停车位都要半个小时，甚至一个小时，满街的 ofo 小黄车停放起来则相对方便得多。

交通拥挤让政府头疼不已，却无计可施，而 Zipcar 的出现能够有效地缓解交通拥挤和停车难的问题，当然能够得到政府的支持，比如马里兰州的一个名叫绿山脊的敬老院，该市政府全额支付其居民使用 Zipcar 共享服务的费用。

此外，一些大学也大力支持 Zipcar，因为大学校园经常被学生的汽车堵得水泄不通，有了 Zipcar，校园拥堵的情况就能得到缓解，他们自然会支持 Zipcar，鼓励学生使用租赁汽车。

（二）对客户贴心的服务

Zipcar 对客户十分用心，贴心的服务让客户用车更加便捷，这主要体现在以下几个方面：

1.Zipcar 随处可见，用车非常方便

Zipcar 的目标是要让 Zipcar 像咖啡馆、便利店一样随处可见，所以，他们会在目标客户聚集的区域停放车辆，方便客户取用，而且每个区域都会有专门的负责人，当客户出现问题时，他们会第一时间出现，帮助客户解决问题。

2. 为客户提供更多可供选择和款式的车辆

Zipcar 一共有 5000 多辆汽车，这些汽车分散在各处，而且每处都有好几辆汽车可供客户选择，以此来满足客户的偏好。

3. 注重用户的个性化需求

Zipcar 非常注重用户的个性需求，时时站在用户的角度去思考问题，比如，有些客户很要面子，他们会觉得看着带有租车标志的汽车去见朋友和客户，是很丢面子的事情，所以，Zipcar 专门提供了不带公司标志的汽车。

而且，Zipcar 不会在高端汽车上喷 Logo，其用意是不破坏客户对于尊贵的体验，此外，他们称会员为 Zipster，用客户体验到归属感，同时也赢得了客户的尊重，不少客户在使用完汽车后，会主动将汽车清洗干净后，再归还回去。

（三）租车流程非常简洁

ZipCar 拥有强大的后援技术服务系统，互联网，RFID 技术是核心的技术。会员卡就相当于一个 RFID，ZipCar 的每辆车都安装了一个系统监控器，一边用于和会员卡信息对接，一边用于掌握汽车的即时状态。

Zipcar 还设有一位主管，负责精简流程，让会员花在租车上的时间越

来越少，公司的成本也越来越低。到 Zipcar 租车可以简化为四步：

| 加入会员 | ➡ | 预定 | ➡ | 取车 | ➡ | 驾驶 |

Zipcar租车过程

Zipcar 努力将每个环节变得简单，因为顾客购买产品或服务，除了价格外，还会考虑时间和精力成本，Zipcar 通过不断优化流程，将顾客的时间和精力成本降至最低，这一点深受顾客的欢迎。

（四）独特的营销方式

创业者都明白在互联网时代，营销是多么的重要，你的产品或服务再好，如果营销不到外，你的产品或服务也会淹没在同行中，Zipcar 自然明白这个道理，他们在营销方式上采取了另辟蹊径的方式。

1. 与其他商家合作

比如 Zipcar 与宜家合作，在车身上涂有宜家标志，这样一来，被赞助车辆就变成媒介载体，宜家公司补贴给 Zipcar30％的折扣来回报顾客。Zipcar 通过与更多商家合作，不仅增加汽车每周平均使用的小时数，还从这些联名业务获得额外 20％ 的利润。

2. 精准营销

Zipcar 的客户主要是年轻的、受过良好教育的城市居民，Zipcar 到客户居住密集的地区集中与他们接触，对目标客户发小册子、海报和宣传单；把海报贴在戏院，在餐馆的书架上摆上宣传小册子，让员工在马路上摆小摊，雇佣大学生在人流密集的地方发放宣传材料，让员工看着 Zipcar 停在超市门口，给顾客提供免费搭乘的服务。

Zipcar 的这些做法，或许对我国的共享经济创业者们会有一些启发，学人之长补己之短，才能让我们的创业少走弯路，尽早成功。

滴滴出行：工作生活之余的额外收入

共享经济中最如火如荼的就是打车行业，Uber 在中国乃至世界都是风生水起，中国的 Uber 们自然不甘落后，滴滴出行就是一个典型共享经济的案例。

滴滴于 2012 年 6 月成立，它通过合理配置闲置资源，实现了利益的最大化，它之所以深受人们的青睐，主要是因为它的灵活性，任何取得驾驶资格的人都可以随时参与并受益。

有些滴滴司机往往有一份稳定的收入，做滴滴司机只作为一种额外收入的来源，或者把它当成一种放松自己的方式。

我认识一个朋友，他是做设计的，当他工作累了，或者没有灵感的时候，就会做滴滴司机，开车出来，拉上几位乘客，和他们聊聊天，享受驾驶的快乐，心情好了，就回去继续搞设计，对他来说，这种既享受又能获得收入的感觉真是太棒了。对于那些长期伏案的脑力劳动者来说，开车是一种很好的调剂。

滴滴最早是通过出租车切入市场的，它当初的出发点是解决用户打不到车的问题，后来，滴滴获得了腾讯的投资，通过"红包"与营销结合的产品，在朋友圈传播，既推动了微信的发展，也促进了自身的推广，实现了战略双赢。

在滴滴的发展过程中，站在用户的角度，不断推出新的服务，满足用户的需求，2014 年，滴滴推出了专车服务，其目的是提高供给，让乘客在高峰期也能打到车。

2015 年初，滴滴又启动了高利润值、高附加值的企业出行服务，随之，滴滴与快的合并，结束了市场竞争，成为了同行的佼佼者。5 月，滴滴又推出了快车服务，其目的主要有两个，一是与 Uber 竞争的需要，二是满足更多的人的出行需要。6 月，滴滴顺风车上线，该项目的推出主要是解决潮汐现象，让人们在上下班高峰期，通过拼车的方式，打到车。7 月，滴滴巴士、滴滴代驾上线，滴滴不断尝试新的商业模式，从出租车单一的业务变成了专车、快车、顺风车的多元业务。

2016 年 8 月 1 日，对滴滴来说也是一个值得纪念的日子，这一天，滴滴收购 Uber 中国，这标志着 Uber 在中国的 32 个月历程宣告结束，同时对滴滴来说，这也是一个发展的里程碑。

纵观滴滴的发展，你会发现滴滴在发展的过程中，做的主要工作就是连接与匹配，表现最为突出的就是顺风车。

比如，A 有一个稳定的工作，每天都要按照固定的路线上班下班，在路途中一个人开车也是很无聊的，特别是在遇到堵车的时候，更是烦躁不已，B 上班的路线和 A 几乎是重合的，坐公交去上班，每天都要提前很早起床，而且公交车有时会受到一些不确定因素影响，晚点到站，无法确保 B 能准时到达公司。

如果 A 与 B 通过滴滴进行匹配，那么，B 就可以每天不用起那么早，还可以少了挤公交车的烦恼，搭上 A 的车去上班了，A 也可以派遣路途中的寂寞了，还能赚一些油钱，这无论是对于 A 还是 B，都是一件很棒的事情。

顺风车的核心是分享，分享一个行程，顺路捎上一个人，而不仅是为了赚钱。或许在未来，很多人在拥有一份朝九晚五的全职工作外，还会拥有一份灵活的工作，比如做滴滴司机，通过一些共享经济平台，我们可以灵活地交换时间、技能，找到适合自己的生活方式，还能结交到不同圈子的朋友，丰富我们的社交，在未来，工作会逐渐成为一种生活方式，在享受惬意生活方式的同时，获得一定的收入，我想这将是很多人梦寐以求的生活吧。

Instacart：让别人付费，你来享受购物的快感

Instacart 是什么？美国的 Instacart 是一个给消费者运送日常食品杂货的平台，简单地说就是一家替人跑腿办事的平台。假如你是一个刚刚生产完宝宝的宝妈，平时大部分时间都用来照顾宝宝，根本没有时间去商超购物，怎么办？你就可以借助 Instacart 这个平台的帮助，在短时间内将你所需要的物品送到你家。

其实，在我国也有类似的模式，比如京东到家，也有一些超市提供送货上门服务，只要买家在指定的 APP 上下单付费，商超的工作人员就会将商品送到家里，但一般都会有购物金额的限制，超过一定的购物金额，就可以享受免费送货的优惠。

Instacart 成立于 2012 年，已经遍布美国的几大主要城市，如圣何塞市、纽约、布鲁克林、波士顿、芝加哥、华盛顿、费城、奥斯汀、西雅图和洛杉矶，它的操作流程是这样的：买家在软件上下单，买家附近的采购者接单，帮助买家去商超里购买商品，并将商品送到买家家中，采购者获得一定报酬。

```
┌─────────────────────────────────────────────┐
│      消费者下单并在网上支付给Instacart          │
└─────────────────────────────────────────────┘
                      ↓
┌─────────────────────────────────────────────┐
│          采购员收到订单购买商品                 │
└─────────────────────────────────────────────┘
                      ↓
┌─────────────────────────────────────────────┐
│    采购员用Instacart的预付借记卡支付账单         │
└─────────────────────────────────────────────┘
                      ↓
┌─────────────────────────────────────────────┐
│        采购员将货物送到消费者手中               │
└─────────────────────────────────────────────┘
```

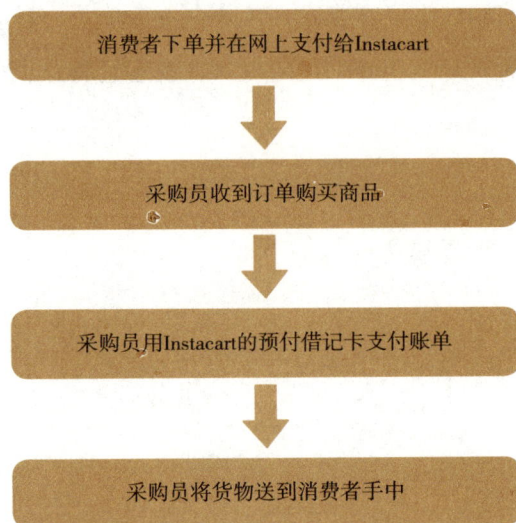

Instacart使用步骤

（一）Instacart 的三类客户

Instacart 的客户主要有三类，分别是买家、采购者和商店，他们在整个商业模式中承担着不同的角色。

1. 买家

买家可以使用 app 或电脑选择一家或多家超市下单，并在网上进行支付，也可以在结账时提前付小费给采购员，买家可以选择在该区域任何一家可到达的超市购物，一张订单中可以包含来自不同超市的商品，买家在下订单时，应规定一个具体的送货时间。

2. 采购者

采购员通过手机接收订单，按要求采购物品，并将物品送到消费者手中，除了能拿到按小时计费的工资，还能从消费者那里得到一些消费。

在递送过程中用现金给的小费会直接到采购者手中，而网上结账时付的小费，会在该采购者的 Instacart 账户中积累，并连同工资一起付给他。

3. 商店

Instacart 与很多超市都有合作，这些超市通过 Instacart 带来的线上销售提高其营业额。

（二）Instacart 的盈利方式

Instacart 与一些超市送货上门不同，它没有自己的产品，销售出去的都是商品的产品，那么，Instacart 是如何盈利的呢？它的盈利方式主要有以下几种：

1. 运费

若订单超过 35 美元，Instacart 就会收取基本的运费，在规定时间内递送或者要求两个小时内送货上门的订单，会被收取 3.99 美元的运费，一小时内送货上门的则要收取 5.99 美元的运费。

如果订单金额没有超过 35 美元，在规定时间内或者两个小时内送货上门的运费为 7.99 美元，小时内送货的远非则高达 9.99 美元。

2. 会员费

如果你想成为"Instacart 快递"的年度会员，则需要交 99 美元，这样你就可以在一定条约和条件下享受一年分免费送货上门服务了。

3. 提高商品价格

有些商品在商店售出的价格与 Instacar 上的售价是不同的，后者要比前者贵 15%，甚至更高，这也是 Instacar 的利润来源之一。

（三）Instacart 如何留住采购者

Instacart 的采购者大多来自兼职，工作时间不固定，且流动性比较大，与一般超市固定的配送人员不同，所以，Instacart 要想办法留住这些人，为此，Instacart 采取两个重要的措施：

第一，Instacart 在消费者结账的环节加入了支付采购员小费的选项，这部分收入可以直接交给采购员，从而提高他们的收入。

第二，采用"高峰提价"的策略，根据采购者的忙碌程度，来提高订单的运费，这些额外价格的收入会付给采购者，从而调动采购者的工作积极性。

我一直觉得 Instacart 这种商业模式，不仅为买家节省了时间，而且对于那些喜欢购物的人来说，也是一个非常好的工作，有些人经常会冲动购物，将商品买回家又后悔，其实他们根本不需要，只是享受购物付款的这个过程，那么，这个工作应该非常适合他们，而且这也是一个很好的减压方式，你付费，我来享受花钱的畅快，是不是也是很爽的事情呢？

Airbnb：出门旅行，可以不再住酒店

几年前，人们外出旅游，只能选择住在酒店，两张床，白色的床单，一对沙发，外加一个电视和卫生间，就是标准间的统一样式，看起来十分单调、乏味，让旅游缺少了一些情趣，但现在不同了，我们可以选择住在别人的家里，而且收费也比星级酒店要便宜一些，是不是觉得不可思议呢？这就是共享经济带给人们的不一样的体验。

Airbnb 就是这样一个给人们带来不一样体验的平台，Airbnb 是 AirBedandBreakfast 的缩写，中文名为空中食宿，是一家联系旅游人士和家有空房出租的服务型网站，可以为用户提供各种各样的住宿信息。Airbnb 成立于 2008 年 8 月，总部设于美国的旧金山，它是一个旅行房租租赁社区，用户通过电脑或手机应用程序发布、搜索度假房屋租赁信息来完成在

线预定，2015 年 8 月进入中国市场。目前，Airbnb 已经覆盖 190 多个国家，340000 多个城市，1400 多个城堡，房客总数高达 40000000+。

对共享经济有所了解的朋友都知道，与 Airbnb 齐名的"独角兽"Uber 在 2016 年亏损了 30 亿美元，并于 2016 年夏天退出中国市场，然而，同样是共享经济的代表 Airbnb 在 2016 年全年营收增幅超过 80%，经过数十轮融资的 Airbnb 的估值已经高达 300 亿美元，那么，Airbnb 到底有哪些独到之处呢？下面就让我们深入了解一下 Airbnb。

（一）Airbnb 的客户定位

Airbnb 的市场主要有三大部分：国际市场、中国市场、新目标市场，不同市场的客户定位不同。

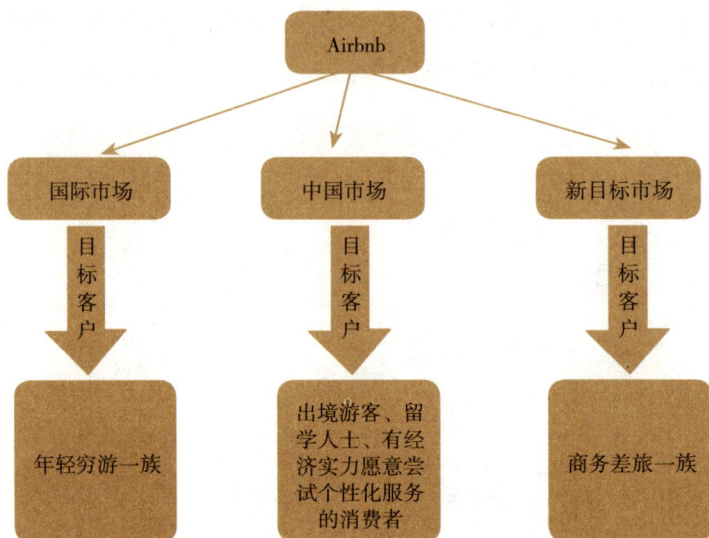

（二）Airbnb 盈利模式

与饱受竞争对手打压导致无法实现盈利的 Uber 相比，Airbnb 的竞争对手并不是很多，通过鼓励全球的房东讲自己独立的房屋或者房间，通过日租的方式出租给陌生人，在这个过程中，Airbnb 的盈利途径是双向的，一方面 Airbnb 向租客收取 6%—12% 的费用，另一方面还要向房东收取 3% 的附加费用。

（三）Airbnb 带来的变化

首先，Airbnb 重塑了酒店行业，消费者可以从个人的手中租住一间房屋，而不是从一家酒店中租住。这对酒店行业来说是一种颠覆，Airbnb 爆红之后，立刻引来了创业者的关注，很多山寨版的 Airbnb 相继出现，如HouseTrip、Wimdu 等，利用尚未形成垄断的市场，迅速占领先机。

与 Airbnb 不同的是，一些做短租市场的平台如 Homeaway，它的房源主要来自中介和房地产公司，而 Airbnb 则是从个人房东手里租房，正是有了他们的努力，才让出游人有了更多的选择。

其次，Airbnb 改变了人们的租住意识，以往人们出游，在酒店住宿是不二选择，但现在越来越多的人不再喜欢这种单调的住宿，而是选择更为舒适和便捷的方式，选择住进别人的家里，这也是旅行的一种全新的体验。

但是不得不说的是，Airbnb 这种全新的租住形式，也存在着一定的问题，大多数人是不愿意住进别人家里，或者选择让自己的家里住进陌生人的，因为这会让人感到不安全，感觉自己的隐私受到了侵犯，没有住酒店更随意，更安全。

所以，Airbnb 可能需要很长的时间来教育市场，让大众接受住在别人家里的旅游住宿方式，这说起来容易，但人们早已经形成的习惯是不容易轻易改变的，特别是一些负面消息的出现，更为让人们诚惶诚恐，早些年的时候，Airbnb 的房东就曾遭到住宿人员的洗劫，从而使 Airbnb 陷入危机之中。

总之，对于 Airbnb 这样的新鲜事物，虽然是个潜力股，但在发展过程中还需要不断完善，才能让更多人接受，而不只是少数敢吃螃蟹的人去尝试，所以，我认为尽管 Airbnb 已经盈利，但在全球的未来之路恐怕依然不好走。

Etsy：最富创意的手工艺品交易平台

当下网购已经成为人们购物的一种重要形式，不仅是年轻人喜欢，就连一些中老年人也喜欢上了这种购物方式，因为它便捷，足不出户，就可以将满意的商品送货上门，少了逛街的劳累，而且可挑选的样式又多。

目前，大家比较喜欢的购物平台有淘宝、京东、亚马逊等，因为这些平台的商品琳琅满目，应有尽有，这些平台的生意好自然不难理解，但是有这样一个平台，以手工艺成品买卖为主要特色，却异常火爆，深受客户的欢迎。

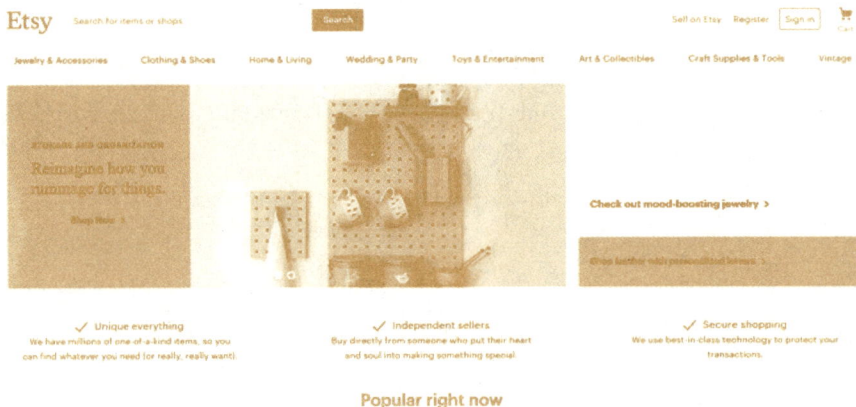

它就是 Etsy，这是一个手工制品 C2C 网站，成立于 2005 年 5 月，总部设在美国纽约布鲁克林，该网站集聚了一大批极富影响力和号召力的手工艺术品设计师。在 Etsy，人们可以开店，销售自己的手工艺品，其模式

类似于淘宝和美国的 eBay。

2005 年，在 Etsy 上线的时候，eBay 网站每天的交易额已超过 1 亿美元，而 Etsy 只有 4 名初出茅庐的草根创业者，他们的宣言是：为爱好手工制品的人们提供交易和交流场所。为配合网站的手工艺术风格，公司里几乎所有东西都是由员工自己制作或挑选的。

eBay 是一个管理可让全球民众上网买卖物品的线上拍卖及购物网站，但 Etsy 不同，它只专注一个核心就是"手工"。现在购买在流水线上生产出来的商品很容易，比如毛衣，但是要购买一件手工编织的毛衣就很难了，所以，这样的商品就显得非常珍贵，给人以"世上仅此一件"的感觉，Etsy 体现了完全的个性，在这个平台，消费者可以购买自己喜欢的手工制品，也可以按照自己的想法，和店主交流能否制作自己喜欢的颜色或款式，但是你的"作品"一定要是自己亲自做的，有独创性，若违反了这个准则，他们会直接联系网站的法律顾问。

由此可见，eBay 与 Etsy 存在着一些不同之处，令人不可思议的是，Etsy 能够在 eBay 的阴影下迅速发展壮大，它是如何做到的呢？

1. 对特定消费领域的聚焦

Etsy 在面对前辈 eBay 这样强大的对手时，只有另辟蹊径，在低成本、差异化以及市场聚焦等方面做文章，eBay 作为 C2C 市场领先者，为了吸引用户，重视的肯定是那些共同而非个性化的需求，那么，留给 Etsy 的竞争空间只有消费领域的聚焦了。

在风靡全球的工艺品 DIY 潮流中，Etsy 抓住了机会，在正确的时间做了正确的事，从而成就了自己，在 Etsy 网站上聚集着几十万名专业或业余的艺术家，出售着各种各样自制的手工艺品，吸引了成千上万的消费者。

因为对特定消费领域的聚焦，也是网站的用户呈现明显的年轻化特征，有关数据统计，Etsy 网站店主平均年龄为 35 岁，顾客则是 32 岁，其中女性占到了 95%，而且大部分是兼职的家庭主妇或大学生。

2. 社区化的 C2C 平台经营思路

Etsy 的创始人是 RobKalin 是一个业余木匠，从小就喜欢自己动手做各种东西，对手工制品非常痴迷，所以，他对纽约、洛杉矶等城市存在的规模庞大的专业和业余手工爱好者群体十分熟悉，这些爱好者经常组织一些交流活动，并会在活动中出售自己的一些作品。

所以，Kalin 在创办 Etsy 的时候，就利用了这些资源，采取了口碑营销策略，通过各种线下活动传播 Etsy 品牌。这样一来，Etsy 就通过非常低的成本扩大了在特定用户群体中的影响力，当然，这还要有赖于 Etsy 营造的一个出色网络社区氛围而设计的多种网站功能。

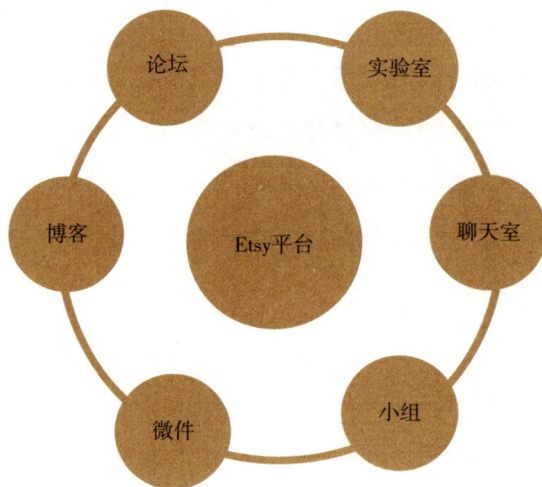

Etsy平台主要有六大功能

（1）论坛

论坛是进行客户支持、市场调查和推广的绝佳途径，与普通论坛不同的是，Etsy 指派了专门员工来管理论坛的所有内容，采取一种非常开放的态度，不管网友的反馈是正面的还是负面的，都会得到 Etsy 官方的反馈，但对一些垃圾消息等不良行为会进行严格管理。

（2）博客

Etsy 的博客 TheStorque 与一般企业的官方博客不同，它并不传达公司内部的观点，而是一本面向 Etsy 社区的手工艺杂志，上面的文章由 Etsy 的专职编辑、特约作者和普通的 Etsy 用户共同完成，每天更新数次，吸引了很多手工爱好者的阅读。

（3）微件

手工爱好者们非常愿意宣布他们是 Etsy 社区的一分子。在线下，他们会穿上印有 Etsy 标志的 T 恤衫和棒球帽，为了满足网友们的需求，在线上 Etsy 提供了大量标志性的按钮、图片等素材资源，以满足网友来展示身份与品位的需要。当用户把 Etsy 微件插入到自己在 Facebook、Twitter 或博客页面，就无形中给 Etsy 做了免费的推广。

（4）小组

Etsy 的网络小组允许发起者自行设定主题，并对小组推广提供必要的资源支持。Etsy 上已有数百个主题各异的小组，他们不定期在网上发布活动通知，组织线下聚会，或通过 Etsy 聊天室或虚拟实验室举行线上的交流活动。

（5）聊天室

Etsy 不但在网站上设置了多个公共聊天室，还允许用户自建聊天室并设置密码保护，其目的是鼓励用户之间进行交流，增加用户的黏度。

（6）实验室

虚拟实验室是 Etsy 为用户设置的在线课堂，也是一种全新的学习、社交方式。在虚拟实验室里，用户可以观看手工制品培训人员的在线讲解、提问题，甚至与参加课程的其他用户直接交流。

Etsy 是一个小众很美，赚钱的慢公司，但是，它非常有情怀，或许这才是令手工爱好者喜欢它的最重要的原因吧。

摩拜单车："复活"公共自行车

交通出行领域是最早被共享经济涉及的领域之一，在出现了公共交通、私家车等共享交通形式之后，共享出行进一步向城市出行的"最后一公里"延伸，解决"最后一公里"难题，于是摩拜单车便应运而生了。

在共享经济的大背景下，摩拜单车获得了大笔融资，滴滴、腾讯等巨头纷纷参与其中，随之各种共享单车平台相继推出，导致单车的颜色都不够用了，可见共享单车的发展速度之快。

2016 年 4 月 22 日，北京摩拜科技有限公司在上海召开发布会，正式宣布摩拜单车服务登陆申城。以倡导绿色出行的方式给世界地球日"一份礼物"。

其实，早在滴滴之前，政府就推行过一项共享式出行方式——公共自行车，但因使用体验不佳，未能推广开来，而这橙色的摩拜单车却在一夜之间在一线城市活跃起来，成为了人人点赞的出行方式。那么，摩拜单车到底有哪些与众不同之处呢？

（一）操作简单，方便快捷

摩拜单车通过一个 APP 和智能锁的物联，让用户通过 APP 就可以查询使用归还的单车，比如，消费者可以使用智能手机应用就可以查看单车位置，预约用车并支付费用，从而降低了约车的费用和成本。

最为方便的是，不设固定桩位，用户只需扫描二维码，就可自动给单车解锁、使用，到达目的地后再手动上锁即可，这样一来，用户就可以在热河规定位置内使用并停放单车，而且骑行的费用很低，半小时只收取 1 元，微信或支付宝支付即可，非常方便快捷。

（二）摩拜单车运行模式

使用摩拜单车非常简单，现在手机上下载"摩拜单车"的应用程序，缴纳押金并经过实名认证后就可以成为注册用户，当用户有短途出行需求时，就可以通过应用程序，来查找附近车辆，充值一定的金额后，通过手机扫码就可以解锁使用。

由此可见，这与传统的公共自行车相比，网约自行车省去了办卡的复杂流程，扫码即可走，停放时也不用找固定的停车点，锁上车即可。

摩拜单车运行模式图

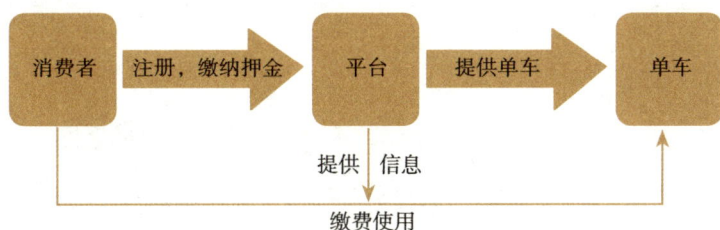

（三）摩拜单车的盈利模式

任何一种商业模式，盈利都是最终的目的，那么，摩拜单车是如何实现盈利的呢？目前摩拜单车的收入主要来自两个方面：一是租借费用的收入，二是用户注册时需要缴纳 299 元的押金。

关于押金需要注意的是，使用单车时，使用费用是不得在押金内扣除的，需要另外缴费，虽然押金是可以退的，但是因为没有押金，就无法使用单车，所以，用户一般不会要求退回押金，这对摩拜来说，是非常好的现金流和资本沉淀。

租借单车的费用是非常低的，根据车型的不同，收费的标准也是不同的，原始车型的收费标准为每半小时 1 元，轻骑款的收费标准为每半小时 0.5 元，很明显，如此低得收费标准是无法抵消单车的折旧成本的。

由此可见，就目前的情况来看，摩拜单车要想盈利是非常困难的。既然不盈利，为何摩拜单车还会得到那么多的融资，被人们看好呢？它的潜力到底在哪里呢？它的潜力就在于共享单车会成为一个巨大的流量入口，根据权威部门估计，今后共享单车的日订单量将超过千万，这是一个庞大的数字，我个人判断，在将来，摩拜单车可以通过广告、合作等方式进行盈利，或许这就是现在共享单车行业为何一直高烧不退，即可不赚钱都要烧钱的原因吧。

小猪短租：给你舒心的住宿体验

2018 年 2 月初，由南方日报、南方 + 客户端、艾媒咨询联合发布的《2017—2018 中国共享经济行业全景调查报告》出炉，在共享住宿平台综合竞争力排行榜中，小猪短租以 89.9 分位居榜首。

小猪短租是一个外出租房 APP 软件，于 2012 年 8 月正式上线，是为用户提供短租住宿服务的互联网平台，是我国房屋共享经济领域的代表企业，2015 年 7 月对外宣布完成 6000 万美元的 C 轮融资，目前在北京、上海等全国 10 多个城市设有分公司，房源覆盖全国 200 多个城市，多达 80000 套，有超过 160 个城市的两万多个家庭将闲置的别墅、公寓、卧室或是沙发分享给旅途中的人们，为旅客提供个性化的服务。

小猪短租旨在为房东和房客搭建一个诚信、有保障的在线沟通和交易平台，将房东能够将更多的闲置资源通过分享充分利用起来，并发挥最大价值，同时构建房东于房客之间的社交关系，提供更有人情味的住宿体验。

（一）小猪短租的定位

现在人们的需求越来越多样化，外出旅游的人们早已经厌倦了呆板的酒店住宿，小猪短租的景点周边民宿房源让消费者体会到了特色住宿，让旅行更加充满乐趣，而且为了满足游客的个性化需求，小猪短租线上的房源种类非常丰富，再挑剔的游客也能找到合适的房源。

此外，传统酒店行业多是标准化经营，比小猪短租的个人民宿房源相比，是无法满足社交需求的，小猪短租平台将房东与房客联系在一起，在交易前后进行了交流，待租客住宿到房东家里时，更多了一种人情味。

目前在线短租人群主要集中在 20—29 和 30—39 岁这两个年龄段，小猪短租目标用户群体具有这样的特征：热爱新事物，互联网是他们生活的重要组成部分；追求高性价比住宿条件的年轻用户；需要不定期外出的职业或爱好。

（二）小猪短租的业务形式

房东通过小猪短租在线平台展示价格、位置、房屋图片等信息，游客可以在小猪短租网站查找适合的房源，与房东在线交流，若彼此都比较满意，游客通过第三方支付平台等方式完成线上预定交易，待入驻结束后，房东与租客可以在网上互评。

值得一提的是，小猪短租专业团队会为房东提供摄影、培训等个性化服务，并且提供针对房东和房客的相应保险服务。

目前小猪短租的盈利模式主要是向房东收取 10% 的佣金，房东信息发布是不需要缴纳费用的。

小猪短租平台定位精准，满足了客户的需求，盘活了闲置房源及其配套设施，但这种商业模式也面临着一些挑战，比如，消费习惯，目前国内对分享消费习惯还不是很成熟，很多人对这种消费形式不认可，其次，信用问题，万一在选择民宿时发生了安全隐患，该如何解决，这也是很多消费者对民宿望而却步的一个重要原因。

Snap Goods：好的商业模式不等于成功

未来共享经济是一种大势所趋，前途是光明的，但是道路却是曲折的，企业在进行共享经济模式的过程中肯定会遇到很多困难，也不是所有的共享经济型企业都能获得成功，失败也是在所难免的，尽管会失败，但共享经济这条探索之路是不可能停下来的。

下面我要说的这个共享经济案例，是一个失败的案例，它就是SnapGoods，希望我们能从它的失败中总结经验教训，让创业者少走些弯路。

SnapGoods 是于 2010 年 8 月推出的一家社区分享网站，主要目标为提供租借的物品，该网站会对租借双方进行身份验证，只要出租一方接受网站的相关条款，该网站就会为交易提供完全担保，承担物品丢失、被盗或者损坏等损失。

简单地说，SnapGoods 这个平台就像是一座挑梁，它搭建起了供需方与供给方的联系，一边是需要某种物品的人，另一边是能够提供相关物品的人。那么，SnapGoods 是如何获利的呢？它的盈利方式主要是租借方需要支付 50 美分的交易费和 7%—10% 的租金。

这看似起来非常不错的商业模式，但在实际操作中却遇到了不少的困难，主要表现在两个方面，第一，出租东西的人很多，远远要多于租用东西的人，而且用来出租的东西往往价格不是很高，都非常便宜，比如一把雨伞、一个充电宝，这些物品对于租用的人来说，就没有太多的诱惑力，他们会嫌太麻烦而不去租，不如自己买一个，即便有不怕麻烦的人，也不一定是 SnapGoods 的用户，从而导致真正成交的订单很少。

第二，对用户来说，这个平台并没有真正满足他们的需求，因为高频的东西没法借，比如手机，我们不可能总去租一个手机用吧？因为手机不是使用一两天就不用的，我们需要随时随地都用，使用频率较低的物品，比如扳手、老虎钳，对于一般家庭来说，可能只有在维修的时候才会用到，但这样的东西又从 SnapGoods 平台上很难借到。

另外，对于一些使用率较低的物品，我们并不会时时需要，可当我们需要时，却发现很难快速地从 SnapGoods 平台上借到，我们所需要借的物品有可能这个平台没有，或者刚好被别人借去了，这样一来，人们对 SnapGoods 这个平台就失去了兴趣。

由于 SnapGoods 上借东西的人远远要少于出租东西的人，所以，SnapGoods 在 2011 年的时候对网站进行了改版，通过改版发现了用户的真正需求，就是在社交网络中方便地向他人求助，创始人思虑再三，认为这比继续运作 SnapGoods 更有前途，于是，将精力投入到现在被命名为 Knod.es 的相关技术开发上，同时也宣告了 SnapGoods 以失败而告终。

SnapGoods 这种"社区分享"公司只是看上去很美，但真正盈利的几乎没有，目前，此类公司只有 NeighborGoods 还没有倒闭，但它的发展非常缓慢。那么，像 SnapGoods 这种社区分享平台为何会屡屡失败呢？我个人认为原因主要有三个方面：

（一）很难形成规模，大多是小打小闹

出租自己的闲置物品给平台，并不能从平台上获得太大的收益，这就是出租人没有太大的兴趣，要么不出租自己的物品，要么将一些便宜质量不高的产品出租出去，租借的一方无法从这个平台上获得更多的有价值的产品，也就不愿意关注此类平台，从而导致平台很难形成大的规模，没有太大的影响力。

（二）非标准化的物品，是用户很难借到真正需要的物品

SnapGoods 此类社区租赁平台上的物品都是非标准化的，这就意味着用户很难借到自己真正需要的物品。

（三）信用评价太低

使用率太低的物品被借出去的概率很小，所以，很少有人进行评价，越是很少有人评价，关注度越低，物品被借出去的概率就越低，从而导致它的信用评价体系难以形成。

第八章　共享经济面临的挑战

共享经济与传统经济的碰撞

　　共享经济作为一种新兴的经济形态，在商业理念与社会中已经存在的行业模式肯定会有不兼容的地方，所以，共享经济自从诞生开始，就受到了来自外界各方的挑战。共享经济模式因成本低、方便快捷等特点，在市场中迅速取得了一定的地位，传统企业的利益被新兴的共享经济企业瓜分，传统企业自然会不甘示弱，与共享经济企业发生激烈的碰撞。

　　在传统行业中，受新兴共享经济模式影响最大的莫过于出租车行业，从2015年开始，全国各地陆续发生多起出租车集体罢工事件，原因就是因为滴滴抢占了传统出租车行业的利益，导致出租车车主的收入下降了，出租车司机联合起来罢工，希望相关部门能够给予重视，对滴滴进行整顿。

　　其实，滴滴这个新生事物从诞生开始，就因为触动了出租行业的利益，双方抢占市场的事情就从来没有停止过，滴滴打车方便快捷，在手机上轻轻一点，就有司机主动联系，约好时间、地点就可以打上车，少了站在路边等待的时间。

　　最重要的是，滴滴采用的是乘客与司机互评机制，司机要想获得更好的评分，就必须要有高质量的服务，才能让乘客给高分，同样，乘客也要讲诚信，不然有了不良信用记录，以后想打到车都难，因为没有人愿意接单。

　　正因为滴滴打车有很多优势，所以赢得了人们尤其是年轻一族的青睐，出门"叫个滴"已经成为一种时尚，看到其中的利益后，越来越多的私家车主加入到了滴滴司机的行业，这些人往往不是专职开滴滴的，他们有自己的收入，开滴滴只是为了"赚个零花钱""赚个油钱"。

大量滴滴司机的涌入，直接影响了出租车司机的收入，从而造成了出租车与滴滴的矛盾在所难免，在双方市场争夺的背后，每一方都觉得自己占理，滴滴司机认为，滴滴的发展符合社会发展的趋势潮流，是移动互联网成就了滴滴打车，这是大势所趋，不可逆转，而且我们的服务热情周到，所以会赢得客户的喜欢。

出租车司机则觉得自己特别委屈，因为出租车的运营成本要远远高于滴滴，不管是否出车、生意好不好，每个月的份子钱，出租车公司都照收不误，一天不出车，一天的份子钱就得赔进去。

相比之下，滴滴司机就没有压力了，今天高兴就出车，明天不高兴就不接单，想什么时候收车就什么时候收车，根本不用考虑今天会不会赔钱，没有了份子钱的压力，滴滴司机自由得很。

我认为出租车与滴滴的利益博弈是毫无意义的，因为市场是由乘客说了算，乘客喜欢用滴滴打车，说明滴滴符合市场需求，更能满足乘客的需求。即便没有滴滴打车的出现，在互联网模式的使用过程中，将互联网进行交通模式的转变，也会是今后社会交通发展的一种必然选择，所以说，出租车行业光抱怨是没有用的，不如主动迎接"滴滴打车"带来的挑战。

在传统出租车行业运营模式中，汽车的运营权不明确，发展体制僵硬，驾驶员私自拒载，上下班高峰打不到车等情况，都影响到了出租车行业的发展，只要向滴滴学习优点，进行大胆改革，真正做到"打铁还需自身硬"，才能在市场竞争中占有优势地位。

时代在悄然发生变化，在互联网＋时代，网约车是顺应时代潮流应运而生的产物，但是，任何一种新生事物的出现都会受到排挤与排斥，正所谓前途是光明的，道路是曲折的，就像新中国的建立，不也是无数革命烈士抛头颅洒热血换来的吗？

　　滴滴网约车能够及时顺应市场机制，满足消费者的需求，具有明显的优势，竞争力非常强，但同时我们也要看到，滴滴在运营上有些方面还存在着法律空白或者界限不清，还有待进一步合理规范。

共享经济存在的隐患

　　当下共享经济是全球经济中使用频率最高、最火的一个词，打车、P2P、共享医疗等概念层出不穷，从国外到国内，涌现出很多具有共享经济思维特点的企业，比如打车界的 Uber，共享单车界的摩拜，租房界的 Airbnb，物流领域的菜鸟网络，手工制品交易平台 Etsy 等。

　　虽然共享经济正在如火如荼地进行着，但是真正盈利的企业并不多，有些企业经过一番折腾之后，被迫倒闭，如 Uber 一直处于亏损状态，进入中国后，经过 32 个月的努力，最后被迫退出中国市场，大部分企业还是走在探索如何盈利的阶段，如摩拜单车，除了盈利外，目前共享经济还存在很多隐忧，还不是一个完全成熟的商业模式，主要表现在以下方面：

（一）信任关系的建立

　　供给者与供需者是通过平台联系在一起的，比如 Airbnb，这是一个旅行房租赁社区，用户通过网络或手机应用程序发布、搜索度假房屋租赁信息并完成在线预定，也就是说，你会住到陌生人的家中，或者你的家中要住进陌生人。之前你们双方没有任何交集，只是通过 Airbnb 将你们联系在一起，这种信任关系该如何建立？住在陌生人家里你是否会感到不安全？或者家里住进陌生人，你是否会紧张呢？这一点是共享经济发展过程中遇到的一个不太好解决的难题。

（二）自由带来的不确定因素增强

通过共享平台，供给者需要将产权分割出去，供需方获得使用权，一旦供给者将产权分割出去，就无法掌控，比如，你将自己的汽车交到共享平台，那么这辆车会给什么人使用，他是否会善待你的车，这些你是无法掌控的，这也是很多人不愿意共享自己的物品原因之一。

（三）法律风险

比如，我将自己的一个笔记本电脑交给共享平台，可以让人们租用我的电脑，我从中获得收益，但是如果我的笔记本在租借过程中产生了损坏，我该如何获得赔偿？其责任该由谁来承担？是共享平台还是笔记本的租借者。

此外，我获得的收益是否要征税，按照多大的比例征税，目前这些还没有相关的法律规定。

当然，尽管共享经济还存在着一些瑕疵，还需要不断完善，但共享经济发展的优势是有目共睹的，不然国家也不会大力提倡发展共享经济，共享经济充分利用闲置资源，提高了资源的利用率，保护了环境，是符合社会发展趋势的；互联网的技术的发展促进了共享经济的蓬勃发展，因为这大大降低了交易成本；不求拥有，只求使用，产权的变革，给消费者不一样的消费体验等，这些都是共享经济带给我们的巨大优势。

未来，共享经济若得到更快的发展，应做好三个方面的工作，首先，建立良好的信用体系，共享经济的发展离不开信任基础，在北京我们可以随处可以看到乱停乱放的单车，这就是信用问题，如果大家都遵守规矩，在共享单车带给我们便利的同时，还能成为这座城市靓丽的风景线，否则，就会影响城市的市容。

目前，摩拜公司正在研讨，准备上线新版的信用分系统，其核心是：实现信用行为可观测、可记录，评价机制可视化、互动化，激励制度阶梯性、可持续。相关奖惩措施包括：高信用等级可以获得更高的现金红包奖励及优先体验摩拜推出的最新服务；如用户出现不文明用车行为，其信用分降为一般等级，摩拜将会以当前单价的双倍向用户收取骑行费；而当信用等级降为较差级别时，收取的骑行费将会变为每30分钟100元。相信这项措施会督促人们更加遵守规则。

其次，加强第三方平台的系统化、规范化，就如淘宝、京东等购物平台的第三方平台一样，它们能够确保交易双方顺利交易，同样，第三方平台也是实现共享经济的途径。

最后，完善相关的法律法规。共享经济是一种新的经济模式，目前还没有相关的配套法律法规，为了适应经济的发展，应该尽快出台相关的法律法规，如在纳税、产权及用户财产安全方面等都需要有相应的法律法规进行保障。

共享经济是否会带来新的垄断

说到共享经济，不得不说滴滴，它绝对是独角兽，因为滴滴在发展过程中，进行了两次"吞并"壮大的过程。

2015年2月14日，相爱相杀数载的滴滴快的正式宣布在一起，实现战略合并，新公司的 CEO 由滴滴打车 CEO 程维及快的打车 CEO 吕传伟共同担任。

那么，滴滴与快的为何要合并呢？首先，停止烧钱模式，滴滴与快的在市场竞争中，争得你死我活，两家公司为此都烧了数十亿元人民币，在补贴大战中胶着，合并后，就大大节省了成本。其次布局新出行领域，在专车市场份额遭到其他公司蚕食、百度联合 Uber 围剿的情况下，唯有合并才能壮大自己，与同行抗衡，重整专车资源，加大与租赁公司谈判的筹码。此外，此举也加快了上市的进程。

对于打车市场而言，滴滴与快的合并后，形成了在市场上一家独大的地位，垄断了打车市场，削弱了易道等同样的市场地位。

2016 年 8 月 1 日，滴滴出行宣布与 Uber 全球达成战略协议，滴滴出行将收购 Uber（中国）的品牌、业务、数据等全部资产在中国大陆运营，Uber 在中国历经不到三年的市场竞争，最后败走中国。

那么，滴滴在合并快的后，为何还要合并 Uber 呢？其原因与合并快的大同小异，首先就是停止烧钱，2015 年，Uber 在中国的亏损就超过了10 亿美元，为了争夺市场，Uber 与滴滴展开了肉搏，对每个出行订单进行补贴，长期下去，只会两败俱伤，既然如此，不如合并，握手言和。

其次就是壮大实力，对抗外部竞争，除了滴滴、Uber 外，易到、神州专车也是实力较强的竞争对手，易到在被乐视收购后，依靠大肆补贴重新夺回了市场地位，神州专车则凭借"安全"、"高档"的定位赢得了大量用户，滴滴、Uber 合并后，可以减少彼此的恶性竞争，从而有精力遏制易到、神州专车的壮大。

滴滴出行通过与快的、Uber 的合并，确定了在打车市场的地位，但滴滴的行为也遭到了质疑，有人认为滴滴的行为涉及垄断，2015 年滴滴与快的合并时，易到就向中国商务部、国家发改委举报其严重违反中国《垄断法》，最终结果不了了之。

2016 年，滴滴与 Uber（中国）的规模更大，市场份额更多，让人们对它的质疑更加强烈，两家送死宣布合并后，就立马招致商务部门的反垄断调查，随后，滴滴缩减补贴，上浮价格更是引来人们的热议，认为滴滴时利用分享经济的巨无霸平台，实施垄断，从而侵害消费者利益。

工业经济的垄断是指垄断者通过面向最终用户操纵定价权获得超额利润，现在的互联网出行平台虽然不是直接向用户收费，但是它可以随时根据供需调整价格策略，进行定价。

比如，滴滴与 Uber（中国）合并之前，他们的专车价格一直远低于出租车和其他出行平台，这是建立在烧钱竞争的基础上的，比如给司机进行补贴，给用户发红包，但是在两家公司合并后，很快就缩减了补贴，上浮了价格。

再有，滴滴与 Uber（中国）合并之前私家车司机可以同时安装滴滴、Uber（中国）客户端，哪家补贴狗、订单多就做哪家的生意，但现在专车司机没有选择了，是不是收入也会下降的，这就要取决于滴滴的策略了。

滴滴与 Uber 的发展过程是一个打破传统出租业态垄断的过程，但是，滴滴与 Uber 的合并在网约车平台方面又形成了新垄断的可能，特别是可能形成乘客源及网约车辆源的供需信息垄断。

判断一个企业的行为是否属于垄断，主要看是否损害了消费者利益，而并不是市场份额的大小以及市场地位如何。面对共享经济时代可能形成的行业垄断，国家还需要完善相关的法律法规，以适应共享经济发展的需要。

披上"共享经济"外衣的传销陷阱

当下，"共享经济"成了热词，无论是创业者还是投资者，都对"共享经济"另眼相看，似乎只要搭上"共享经济"就能赚钱似的，使得一些投资者贸然投资，结果落入了不法分子精心编织的骗局中。

2018年1月，四川省眉山市公安局官方微博"眉山公安"发布消息称：针对有群众举报杨志伟等人打着共享经济的旗号从事组织领导传销活动，经查，杨志伟等人虚构"中国共享经济管理集团有限公司"、"中国农副产品交易集团股份有限公司"，非法成立"国家共享经济创新交易示范中心"，在全国各地注册数百家无经营实体的空壳公司，大肆发展下线会员牟取暴利。公安机关高度重视，眉山市公安局已依法立案，并于近日对杨志伟等主要犯罪嫌疑人依法采取刑事强制措施。案件还在进一步侦办中。

眉山公安 Ⓥ
1月22日 18:06 来自 荣耀手机 勇敢做自己

【警方通报】针对有群众举报杨志伟等人打着共享经济的旗号从事组织领导传销活动。经查，杨志伟等人虚构"中国共享经济管理集团有限公司"、"中国农副产品交易集团股份有限公司"，非法成立"国家共享经济创新交易示范中心"，在全国各地注册数百家无经营实体的空壳公司，大肆发展下线会员牟取暴利。公安机关高度重视，我局已依法立案，并于近日对杨志伟等主要犯罪嫌疑人依法采取刑事强制措施。案件还在进一步侦办中。

公安机关将依法严厉打击各类违法犯罪活动，保护群众合法权益，有力维护社会秩序。对于参与非法聚集、滋事的违法犯罪行为，公安机关将依法严处。#百日平安会战##眉山警讯##眉山# @平安北京 @四川公安 @丹棱公安 @洪雅公安 @仁寿公安 @青神公安 @东坡公安 @平安彭山 @眉山园区公安 @岷东公安那么，杨志伟到底是何许人也呢？杨志伟曾用各种方式将自己打造称"共享经济"红人，并为投资者营造出一种印象——成为拥有雄厚财力的公司合伙人，就能过上和公司员工一样"走上人生巅峰"的生活。

为了打造"共享经济"的灵魂人物这一形象，杨志伟可谓是煞费苦心，在宣传中，用一大堆看上去"高大上"的头衔来包装自己，如鑫圆共享商城董事长、"中联影视总裁"、中国共享经济管理集团有限公司董事长、中国农副产品交易集团股份有限公司董事长、国家共享经济创新交易示范中心董事长等，用一些子虚乌有的头衔将自己打造成为成功人士，此外，还将自己塑造成热衷公益的形象，迷惑了一大群投资者。

杨志伟除了将自己的身份镀金外，还承诺给用户非常高的回报，鑫圆共享商城宣称，通过该平台对接的车行购买一辆10万元的车，客户向国家共享平台交纳车价的16.7%共享服务费，即16700元，就可以每天拿到60元的分红（100000元×0.0006=60元），一个月的分红就是1800元，大概4年半的时间就可以分红完10万元车款，而这些分钟得到的钱又可以在鑫圆共享商城进行二次消费，或者进行体现。在高回报的诱惑下，很多投资者步入了陷阱，血本无归。

其实，仔细看一看杨志伟的传销骗局一点都不高明，为何还有那么多人上当呢？正是因为传销手段披上了新外衣——共享经济，这个新的经济名词让很多人头脑发热，失去了判断力。现在共享经济在我国的发展还不是很成熟，还有很多不完善的地方，有些不法分子就是利用这个空档，在人们还没有完全了解共享经济时，混淆视听，用新瓶装旧酒，做欺诈行为。

那么，该如何正确地区分共享经济与传销呢？先来说说什么是传销，它是指组织者发展人员，通过对被发展人员以其直接或间接发展的人员数量或业绩为依据计算和给付报酬，或要求被发展人员以交纳一定费用为条件取得加入资格等方式获得财富的违法行为。

现在的传销形式也在不断地更新换代了，不再限制人身自由，不没收身份证、手机，不集体上课，而是以资本运作为幌子骗钱，利用豪车、金钱来吸引人眼球，鼓励你让你的亲朋好友加入进来，最后让你赔得血本无归，众叛亲离。

而共享经济是由实物商品流通的，无需交钱，主要通过社交圈子分享刺激消费获取收益，共享经济具有六大特征。

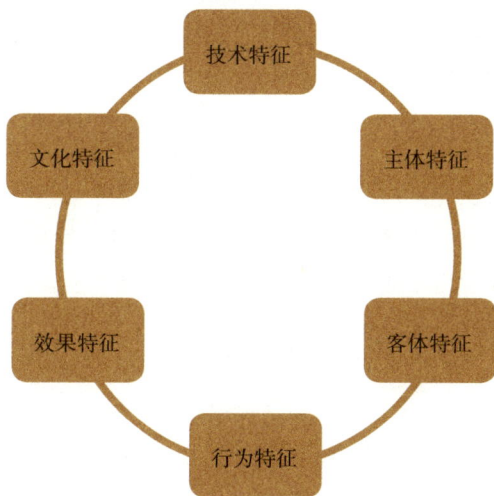

技术特征：共享经济是基于互联网平台而存在的，离开了互联网，共享经济便不复存在。

主体特征：大众参与，要有足够多的供应方和足够多的需求方共同参与，这是共享经济发展的前提条件。

客体特征：资源要素要快速流动与高效配置，共享经济就是要大量的闲置的、分散的资源通过网络整合起来，使其发挥最大效用。

行为特征：共享经济主要通过所有权与使用权的分离，实现资源利用率的最大化。

效果特征：分享经济大大降低了交易成本，并满足了消费者的个性化需求。

文化特征：不求拥有，但求所用。

了解了传销与共享经济的定义及特征后，我们就可以从以下五个方面来做出判断是不是传销。

第一，传销式无限制的发展下线，是多级的，而共享经济只有二级，产品返利＋分享会员返利。

第二，共享经济具有全球供应链，而传销公司的产品多数是某企业某个品牌。

第三，传销的产品价格非常高，高得离谱，而共享经济的新零售产品价格都很便宜。

第四，传销往往会要求你不断发展下线，也就是拉人头，但共享经济则没有这种情况。此外，有的传销组织还会限制人身自由，但共享经济不会出现这种情况。

还有一点非常重要，共享经济会受到国家的大力扶植，而传销则是坚决打击取缔的组织。

了解了共享经济与传销的不同，那么，我们在投资的时候才会少上当，不会因为金钱的诱惑就盲目地投资。

第九章　对共享经济未来的思考

微商属于共享经济吗

做微商的朋友经常会问我这样一个问题：微商是共享经济吗？要回答这个问题，我们首先要明白什么是共享经济，共享经济是指利用互联网等现代信息技术整合、分享海量的分散化闲置资源满足多样化需求的经济活动综合。

那什么是微商呢？微商是借助微信对朋友圈进行包装，然后将自己所销售的产品在朋友圈进行展示与分享，朋友圈里基本上都是我们熟识的朋友、客户和家人，我们将自己所做的事情分享给他们，让他们通过我们在朋友圈中发布的信息，来了解产品，从而实现购买。

简单地说，微商就是通过分享自己的产品以及实用产品的心得来影响身边的人，这是做微商的第一步，此外，做微商还要进行资源整合，共享经济的核心思想是"使用而不占有"，微商是利用朋友圈、我们的好友、我们的人际关系网等资源并且最大化利用所整合的资源来实现盈利。

从以上微商的两个特点来看，与共享经济的定义及核心思想是有共同之处的，所以，我认为微商也属于共享经济的一种形式，微商是一种"直销模式＋信任经济＋分享经济"的新商业模式，具体来说，微商在共享型经济的体现主要表现在以下方面：

（一）展现个人魅力，用自己的魅力影响朋友圈的人

在自媒体时代，每个人都是自媒体人，都在扮演自己的角色，塑造自

己，将自己与众不同的一个方面呈现出来，当我们在朋友圈以及一对一地与微信好友聊天的过程中，我们会将自己的能力、经验、心得、技巧等分享给别人。

可能有人会说，在这个过程中，并没有产生经济呀？确实如此，在朋友圈、微信好友中进行营销是基于信任建立起来的，如果没有前面的个人魅力展现、感情沟通、信任关系就无法建立起来，自然就谈不上之后的营销了。

所以说，看似在朋友圈发信息，与微信好友聊天的行为与共享经济没有关系，实际上这都是交易前必须要做的工作，在你不断地分享内容，不断地获得粉丝，并得到粉丝的认可，那么，你变现的一刻就很快到来了。

（二）传递正能量

近两年，关于微商有一些负面的信息，导致人们对微商有一些成见，认为微商都是骗人的，坑蒙拐骗，使微商从业者的信心受到打击，2017年，是微商重新洗牌的一年，微商逐渐由过去的无序状态变得越来越规范，这对微商来说是一个非常好的机遇，微商应该利用微信等自媒体平台传播正能量，让人们对微商有一个全新认识的同时，也能在进行自我营销。

（三）传播营销知识

我是微商传媒创办人，和我一起做微商的朋友有几千人，我们常定期举办培训，传播微商营销知识，讲一些微商实战的技巧，这既是自我营销，同时也使我们的知识传播给更多的人，让更多的人实现微商创业的梦想，这也是一种分享，是知识的分享。

据我了解，有些微商界的精英，经常会被企业请去，为传统企业转型做微商的方法、技巧，在自己获得利益的同时，也为企业的发展做出了共享。

由此可见，微商也是共享经济的体现，每个微商只有先"分享"才能获得受益，移动互联网的发展，为营销带来了红利期，但是共享经济若要发展，有创新，就少不了新媒体工具如微博、微信的参与，从这个角度来说，共享经济与微商又是互惠互利的关系，做微商的人要将共享经济的思维用于实践中，同样，共享经济的创业者也应该向微商学习，借助新媒体工具，实现迅速成长。

在共享经济浪潮中，如何玩转自媒体

"自媒体"这个词已经存在有些年了，大家对这个词都很熟悉了，它是指为个体提供信息生产、积累、共享、传播内容兼具私密性和公开性的信息传播方式，简单地说，就是公众用来发布自己的所见所闻所感的载体，比如，微博、微信等。

"共享经济"这个词是这两三年才火起来了的，共享经济是指以获得一定报酬为主要目的，基于陌生人且存在物品使用权暂时转移的一种新的经济模式，比如大家熟悉的共享出行的代表 UBER 和滴滴打车等。

无论是共享经济还是自媒体，它们的产生都是基于互联网，尤其是移动互联网的发展，因此，两者之间必然会发生联系。闲置资源、人人参与、共享平台是共享经济的基本要素，而自媒体就是借助移动互联网设备将自己的想法、观点分享出去，仅从这一点来说，自媒体与共享经济有着共同之处。那么，在共享经济的浪潮中，自媒体会发生怎样的改变呢？

共享经济给自媒体的运营带来的变化主要体现在两个方面，如下图所示：

```
        ┌──────────────────┐
        │  共享经济给自媒体  │
        │  的运营带来的变化  │
        └──────────────────┘
         ↙              ↘
┌──────────────┐   ┌──────────────┐
│   自媒体内容   │   │  自媒体盈利模式 │
└──────────────┘   └──────────────┘
```

（一）自媒体内容的变化

共享经济也好，自媒体也罢，其目的都是获得盈利，自媒体要想获得更多的粉丝，赢得更多的收益，那么，做好内容是关键。

1. 选题的确定

自媒体人通常是对某个领域感兴趣或者是擅长某个领域，希望通过自己的观点、思想去赢得更多的关注，从而为变现提供可能，比如，你学的是教育学，你是老师，那么，你创建的微信公众号，其内容大多与教育有关；如果你是互联网从业者，你擅长做网络营销，那么，你创建的自媒体，其内容大多与互联网营销有关。

但是，你写的这些内容读者是否感兴趣呢？我们只能从一些数据中推测，比如文章的阅读量、转发量、收藏量等，并不能明确地知道读者喜欢什么，不喜欢什么。随着共享经济的发展，自媒体运营者的思维也在发生改变，有的自媒体运营者开始学习小米，让读者参与创作，写作之前先了解一下读者想知道什么，希望能获得什么信息等，也就是将内容的选题决定权交给读者。

目前有些微信公众号已经做出了这样的改变，如微信公众号"谈兵"，这样一来，作者只需生产内容即可，而读者则就自己想读到的内容反馈给作者即可，由作者来进行创作。

2. 内容一定要原创，伪原创将越来越没有市场

说到自媒体，有不少人会不屑一顾，一脸的鄙夷，为什么？因为当下自媒体抄袭情况太严重了，有些自媒体运营者完全成了搬运工，复制加粘贴就等于原创，在共享经济背景下，自媒体要想获得高质量、长足的发展，必须走原创路线，靠抄袭、搬运、伪原创的自媒体运营者早晚会走向没落。

目前已经有不少平台加大打击伪原创的力度，如今日头条，几乎每个星期都会封禁一些账号，这些账号大多是内容质量不过关，或者有抄袭、搬运行为。同时，该平台对优秀的原创作者会有相关的奖励政策，比如礼遇计划、千人万元等，今日头条这样做的目的就是增强市场竞争力。

头条号平台关于打击滥用声明原创功能行为的公告（2018年1-2月）

头条号 2018-03-09 13:24:39

头条号平台一直致力于保护作者的原创内容，为原创作者提供更优质的服务。平台坚决打击滥用声明原创功能的违规行为。

2018年1月1日-2月28日期间，头条号平台累计永久关闭了144个屡次滥用声明原创功能的头条号的原创声明权限，并对724个滥用该功能的头条号进行了警告。

具体情况公示如下：

头条号持续打击违规帐号的公告 | 2018年3月11日

头条号管理员 2018-03-11 18:16:10

为打造健康、有价值的内容平台，今日头条平台全面持续清理违规帐号。2018 年 3月2日- 3月8日，共封禁帐号680个，禁言帐号2327个。

（二）自媒体盈利模式的改变

目前，自媒体主要的盈利模式依然是以文章阅读量的收益为主，而共享经济的盈利模式则比较多样化，如广告费、分成收入、平台使用费等，这些盈利模式也开阔了自媒体运营者的视野，有些自媒体运营者开始尝试新的盈利方式。

1. 广告费

自媒体运营者在积累了一定的粉丝后，平台就具有了广告价值，通过撰写软文广告获得广告费，或者在平台上打硬广，都能为自媒体运营者带来收益。

2. "内容＋电商"的盈利模式

用优质的内容吸引粉丝，积累粉丝，增加粉丝的信任度，然后在平台上推广自己的产品，或者帮助商家销售产品，从中获取利润，如年糕妈妈，就是一个从创作内容开始，后筹建电商平台，实现年销售 1.8 亿元的华丽蜕变的。

还有大家十分熟悉的"罗辑思维"，这个平台每周都会向粉丝推荐图书，并指名购买渠道，然后他们就能从出版社那里获得一定的分红。这两个例子都是一种资源共享行为。

在共享经济背景下，这些自媒体有可能不再是借助别人的产品来盈利，会有自己的产品，打出自己的品牌，从而变成"自媒体＋自商品"的模式。

3. 增值服务的盈利

自媒体的付费圈子早几年就有了，有些自媒体运营者靠写文章积累到一定粉丝后，就开始推出付费阅读，要想继续阅读他的文章，就要成为他的会员，比如，懂懂日记，还有就是组建一个平台，一些牛人大咖在这个平台上分享经验，交流思想，寻找合作者，如秦王会，一年的费用为 2.8 万。在共享经济模式下，今后自媒体的增值服务不一定只是在对内容付费，也可以转向其他领域，比如一些在线教育平台，与旅行社合作，推出亲子旅游项目等。

4. 自己搭建共享平台

可能很多自媒体人对"作客"一词并不陌生，这是传播管家平台上对写手和内容生产者的称呼，只要你是在内容、营销或者某个行业领域有经验的内容创作者，那么，你就可以入驻传播管家，另外，有传播需求的企业则是"客官"，入驻传播管家后，将需求发布在平台上，就可以快速匹配到合适的"作客"，从而完成传播推广需求。

传播管家平台一边连接的是"作客"，即内容创作者，一边连接的是有传播刚需的中小企业，对于中小企业来说，无论是培养专职文案，还是依赖公关广告公司，其成本都非常高，而大量具备专业技能的自媒体人与企业对接，对两者来说都是互惠互利的，从这个角度上来讲，传播管家犹如传播领域中的 Uber，它在为中小企业节省成本的同时，也帮助自媒体人及文字工作者更多地发挥了自己的商业价值。

传播管家平台的成功经验对自媒体人是一个很好的借鉴，如果你也有资源，就可以将这些资源整合到一个平台上，搭建一个共享平台，从而实现盈利。

消费商时代来临

在介绍"消费商"这个概念之前，我们先来看一个故事：

A 是位时尚女郎，很会穿衣打扮，每次穿了新衣服都能引起办公室女人们的一股潮流，这些女人会向 A 讨教如何穿衣，衣服在哪里买的，A 是个热心肠，她会带着她们去自己曾经购物的商场买衣服。

对于 A 来说，她只不过是给同事们帮了一个小忙，有一天，服装店的老板对 A 说，以后你每一个同事来买衣服，我就给你提成衣服总价的 5%，这样一来，A 的身份就发生了变化，从一个消费者变成了一个消费商。

通过这个小故事，大家应该很好理解什么是消费商了。2017 年 5 月，全国首创 B2C 新零售平台三七 e 购上线，这是一个消费就能产生收益，分享就能获利的平台，该平台以实现消费者利益为导向，商家让利，消费者在消费返利和分享获利中完成从消费者到消费商的转变，从而形成稳定的消费习惯，成为平台持久稳定的消费资源，平台中的消费资源共享，促进商家、消费者获得更多利益，实现消费者与商家双赢的局面。

其实，在我们生活中，还有很多类似三七 e 购这样的分享经济形式，比如麦当劳的第二杯半价，星巴克的推荐三位新顾客免费得到 1 杯咖啡，滴滴的推荐 1 位乘客获得 20 元代金券等。

那么，消费商具有怎样的特征呢？

一是消费商可以参与利润分配，就像开头举的这个例子，她向同事推荐服装，并完成购买后，就可以从服装店老板那里获得一定的分成；

二是消费商给予别人的不是商品，而是一个机会，什么样的机会呢？购物省钱还赚钱的机会；

三是花原本就该花的钱，赚原本赚不到的钱；

四是消费商可以是全职也可以是兼职，灵活多样，而且是一个零风险的商业主体，不负责经营管理，只是一种机会的传播者。

如果你是一个经商的人或者创业者，你就会深深地体会到现在的生意越来越难做，因为产品泛滥，即便是好的产品，要想把它销售出去，也不是一件简单的事情，因为产品从生产商到消费者这个过程中流通环节太难了，竞争非常激烈。

也就是说，经济活动已经进入了终端，谁能拥有并锁定消费者，谁就是胜利者，谁就能赚到钱，看看共享单车的烧钱行为，大家就明白了，这不是赔本赚吆喝，这是一场持久战，先赔一阵子，再赚一辈子，现在越来越多的商家已经意识到消费者的金贵。

马化腾曾经说过，当你的用户群足够大时，你的业务模式不再是问题。这句话是什么意思呢？意思是说，当你的消费群体足够大时，无论你销售什么产品都是赚钱的，只要你的产品不损害消费者的利益。

这就意味着消费商时代的来临，消费商时代的来临，无论是对于商家来说，还是对于普通消费者来说，这种变化都是巨大的。下面我将从两个方面阐述这个问题：

（一）消费商带给商家的变化

消费者成长为消费商，是一场浩大的变革，这场变革会对商业模式进行彻底地颠覆，对于商家来说，认知与思维要跟得上这场变革，要清楚竞争消费者的过程，就是拥有和锁定消费者的过程，也就是使消费者从分散走向联盟的过程，更要明白新时代竞争的完成者不是生产商，也不是流通商，而是消费者。

在分享经济的浪潮中，商家要明白几种思维方式的不同：

一般人的思维：1 元 X1 元→1 元

老板思维：1 元 X1 元→10 角 X10 角→100 角→10 元

"互联网+"思维：1 元 X1 元→10 角 X10 角→100 分 X100 分→10000 分→100 元

商家不能再用传统的思维方式来思考问题，要学会用共享经济学、互联网＋思维、大数据、以及倍增学原理来思考问题，什么是创新？创新首先就是思维上的创新，改变了思维模式才可能强人一步。

（二）消费商给个人带来的变化

共享经济的本质就是一场产权革命，各种 APP 能通过时间、地点、技术的匹配将物品的使用权分配到需要它们的人手中，将资源利用率最大化，将剩余的资源转化成生产力，所有的产业都会因共享经济而改变，人们的职业也会因此变得多元化，自由职业会成为一种潮流。

现在我们要出去旅游度假，先要看看自己的工作安排，哪天休假才能去，生活要围着工作转，以后当你成为自由职业者后，就可以随心所欲的旅游度假，安排自己的生活了，不用担心你会因为没有去工作被老板炒了鱿鱼，当然，前提是你得拥有一定的经验与技能，这样你就可能不需要固定的办公室、不需要签订合同，工作时间可以灵活多变，而收入跟你上班差不多。

在美国，不在固定场所工作的人占到了美国工作人口的三分之一，并且以每年 10% 的速度增长，共享经济让人们根据自己的日程来选择工作，而不再让工作来安排自己的日程。你可以在某个时期有好几种工作，你可以是滴滴司机，可以是悟空问答达人，还可以是房东。

在未来，全职工作将不再是你的身份标签，或者唯一的收入来源，你的工作和生活会因为共享经济变得丰富多彩，这与我们过去的"铁饭碗"，在一个工作上一干就是一辈子截然不同，我们不会再像父辈那样工作、生活。

由此可见，共享经济的最大吸引力在于灵活性，几乎人人都可以参与，都可以受益，进入知识经济时代，工作会越来越细分，朝九晚五的工作已经不再成为必须，越来越多的人会利用业务时间规划自己的工作，获得更多收益。

共享经济时代下的零售业

如今，共享经济的触角已经延伸到各个行业，给每个行业都带来了翻天覆地的变化，这一节，我们说一说共享经时代下的零售业。

（一）新的商业模式与旧的商业思维的斗争

说到零售业，不得不说宜家，宜家在中国的网上商城已经运营了一年多的时间，收获了 25 万的新注册用户，但这个数字远远低于外界的预期，在多数人心中，宜家仍是宜家适合做门店生意的公司。

事实是不是真的如此呢？ 2017 年，宜家在中国商场的访客数量超过了 9000 万，同比增长 11%，官网访问量超过 7500 万人次，同比增长 24%，会员总数超过 1800 万，同比增长 12%。这些数据看上去很喜人，但宜家的增幅去比上一个财年有所下降，分别下降了 9%、10% 和 9%，这不是一个好的苗头。

这样的数据可能会让人们觉得宜家在电商方面的表现很不尽人意，诚然，宜家在线上的竞争对手不少，竞争压力很大，网易严选、优品等在抢夺 MUJI 市场份额的同时，有一些创业者开始瞄准中高端家居的线上销售，如出现了"我在家"等互联网家居分享直购平台。

另一方面，新的商业模式也给宜家带来了不小的冲击，众所周知，宜家的优势在于情景式体验，如今，阿里、亚马逊等都开始布局无人超市，其核心思想与宜家的优势如出一辙，就是线下体验，线上买单，远程配送，以此来弥补电商在体验上的缺憾。

不仅如此，共享经济下的线下体验也给了宜家当头一棒，以"我在家"为例，它推出了生活家的服务，用户在平台上购买了一定价格的商品后，就可以申请成为生活家，为购买同样产品的新客户提供线下体验，了解产品在现实生活中的使用情况，若新客户也购买了产品，就可以获得一定收益。

这种共享方式，可以使新客户与使用者进行有效的沟通交流，使新客户对产品由一个更直观地了解，这种"线上电商平台＋线下生活家"的模式，与宜家单纯靠体验来比，要进步得多。

通过宜家这个案例，我们可以看出在共享经济的背景下，新零售时代正在悄悄地改变着很多大牌零售商的命运，新的商业模式与旧的商业思维正在上演着一场如火如荼的斗争。

（二）零售企业开启跨界合作模式

2017 年 11 月 18 日，由巴黎春天五角场店携手饿了么首次开设的不打烊茶铺正式亮相，在不打烊活动期间，开门排队前 100 名顾客就可以免费获赠一杯"不打烊茶"，饿了么是针对这次巴黎春天"爱不打烊"的主题，结合自身平台定位，不仅现场会有三款特制茶饮——爱熬夜小奶宝、爱血拼小公举、爱刷卡小王子，还有"买买买"人形合影牌、礼品大转盘等各种有趣的活动。

那么，一家主营在线外卖、即时配送和餐饮供应链等业务的本地生活平台，饿了么为何会选择牵手巴黎春天呢？

饿了么的相关负责人解释说，每年巴黎春天的"不打烊"活动都是上海的重头戏，这次巴黎春天希望能够突破以往的模式，在"不打烊"的概念中添加网红美食的内涵，开发线上线下跨界、共享合作模式。对于饿了么来说，饿了么虽然是互联网平台，但一直想要打造不一样的线下模式，实现线上线下相结合。

而对巴黎春天而言，他们更看中的是饿了么在餐饮业和线上的巨大影响力，饿了么与巴黎春天的客户群体有重合的部分，但也有一部分不重合，通过这次共享合作，可以实现相互引流，从而扩大各自的客户群。

正是因为饿了么与巴黎春天有着共同的利益需求，双方才有了合作的契机，开始了一次跨界合作的尝试。

之前，我们一直有这样的误区，认为随着互联网的发展，一些传统生意，比如门店，都会逐渐消失，网购会成为一种生活方式，但越来越多的事实告诉我们，人们还是需要传统零售的，传统零售并不能完全被取代，但是也不能墨守成规，依然按照老路子去发展，需要借助互联网，紧跟潮流，转变观念，更新模式，使其更适应现代化消费理念。

饿了么与巴黎春天的跨界合作，让我们认识到通过不同业态的叠加实现多业态共享，将若干原本不相干的业态，在一家店中相互渗透相互融会，给消费者提供更加多元化的消费体验，将会是未来零售业发展的一个趋势。

（三）共享经济对零售业会带来怎样的影响

共享经济的价值之一就是社会的剩余资源的再利用，这里的剩余资源是一个非常丰富的概念，可以是物品剩余、资金剩余、服务剩余、认知剩余、空间剩余、服务剩余等等，这些剩余资源都可以借助互联网冲破重重阻碍，在更大的范围内被共享，重新获得价值。同时，它也会改变消费者与商品之间的关系，形成一种全新的消费方式。

没有互联网之前，人们买衣服都会去线下的实体店购买，移动互联网高速发展后，人们买衣服从实体店转到了网上，淘宝、京东等网购平台成了人们的首选。由此可见，零售业的发展与人们消费方式的演变息息相关，零售变革都会使人们的消费方式发生变化，那么，共享经济会对零售业带来怎样的变化与影响呢?

1. 经营理念的改变

在共享经济的背景下，促使管理者深入地挖掘客户的真正需求，了解用户的痛点，通过产品与用户做互动式的交流沟通，帮助用户解决实际问题，从而满足客户的个性化需求。

2. 客户角色的转变

共享经济背景下，让客户的角色发生了变化，之前，客户是纯粹的消费者，现在不一样了，客户也可以与商家合作，成为消费商，帮助商家推广产品，在自己消费的同时，还能获得盈利。那么，对于零售商来说，他们就需要改变心态，为客户提供更好的体验机会，以增强用户黏性，否则，他就可能成为你的对手，去为其他商家服务了。

3. 跨界经营

关于这一点，我在文中举了巴黎春天与饿了么的案例，这看似原本风马牛不相及的两家企业，因为共享经济的搭桥，实现了联姻，实现了共赢。今后，共享经济理念将为零售企业提供更多的合作可能，比如共享客流、共享物流、共享库存、共享采购等等，都将是值得探讨的一条光明大道。

可以预判地是，将来零售业与其他行业界限会变得越来越模糊，这就需要企业调整组织架构、业务流程、盈利模式，来适应客户碎片化时间需求和移动空间的需求。

总之，零售业要想获得长久发展，就必须与时俱进，最重要的就是思维的改变，僵化守旧的思维必然会让企业走向死亡，只有不断探索新的发展道路，才有可能迎来光明。

共享经济真能实现人人共享，消费贫富差距吗

共享经济宣称要建立人人都能够分享的世界，让每个人都能从分享中受益，无关贫穷与富有，听上去是不是很美好，貌似也确实如此。

比如，我没有车，想自驾游怎么办？可以通过共享平台租一辆车去旅行，可以和有车族一样享受旅行的快乐；我需要创业，但我没有办公地点，我可以租 WeWork……

那么，这就是实现了人人平等，消除了人与人之间的贫富差距了吗？摩根大通研究所的一份最新研究报告得出了这样的结论：共享经济或许会让有钱人更有钱，贫穷者更贫穷。该报告数据基于 2014 年 10 月到 2015 年 9 月期间 19.6 万个从 30 家共享经济公司中获得收入的美国活期储蓄用户。

摩根大通将共享经济公司分为两大类：一类是要参与者投入时间与精力完成各类任务的"劳动型"平台，如 Uber；另一类是参与者通过出售或者出租已有资产的"资本型"平台，如 Airbnb。

研究发现，参与劳动型平台的低收入群体（指年收入低于 3 万美元）获得的平台收入约占全部收入的 30%，而高收入群体（指年收入在 8.39 万美元以上）在劳动型平台上获得的收入只占全部收入的 20%。

但是，在资本型平台上，无论是低收入群体与高收入群体，他们从平台上获得的收入都只占到了他们全部收入的 10% 左右。

除此之外，摩根大通还发现了另外一条规律，在劳动型平台参与者

中，收入越低，参与度越高；在资本型平台参与者中，收入越高，参与度越高。

为什么会出现这样的现象呢？摩根大通是这样解释的，对 Uber 这类的劳动型平台参与者来说，平台的收入弥补了平台外收入的不足，假如 A 工作不景气，收入不好，那么，他通过开 Uber 来弥补收入，所以，他们的总收入并不会带来很大的变化。但是 Airbnb 等资本型平台参与者是通过这些平台获得额外的收入，而不是靠这些平台的收入来补偿传统收入的下降。

通俗地理解就是，对 Uber 这类的劳动型平台参与者来说，这些平台收入对他们的生活很重要，直接影响他们的生活质量，但是对 Airbnb 等资本型平台参与者来说，平台的收入可有可无，有更好，没有也不会对自己的生活造成影响。

所以，我们可以得出 Uber 司机和 Airbnb 房东是有着一定贫富差距的。其实，只要我们仔细观察也会发现，在 Airbnb 房租的仍然是有房一族，而在 Uber、滴滴出行中提供车辆的也仍然是有车一族，即中产阶级更集中与中产阶级交易，从而使中下层如出租车司机的生存空间受到挤压。即拥有较多资本的人，只会在共享经济中变得更有钱。

另外，对于共享经济能实现人人共享，也备受质疑，就目前的共享经济交易模式来说，多是经济上较好的群体会将产品或资源供给出来进行分享，而产品、资源的供需方则可能是经济较好的群体，也可以是经济上稍差的群体，而且你会发现，大多经济上较好的群体是不愿意共享的，既不愿拿出自己的产品、资源去共享，也不愿意共享别人的产品、资源，即便是共享，他们的共享往往更倾向于知识、文化的分享，或许这就是我们常说的"物以类聚，人以群分"吧。

共享经济企业的"死亡率"为什么会那么高

在经历了一年多的疯狂后，共享经济慢慢降温，2017年这一年，对共享经济企业来说，是动荡不安的一年，不少企业先后倒闭、停止运营，下面我们就来看一看2017年共享经济企业的死亡名单。

2017年共享经济企业死亡名单

领域	公司名称	成立时间	主营业务	融资轮次	状态
出行	友友用车	2014年	共享汽车	A+轮	倒闭
	零派乐享	2015年	共享汽车	/	停止运营
	EZZY	2016年	共享汽车	A轮	倒闭
	小鸣单车	2016年	共享单车	B轮	CEO离职，实际控制人失联
	小蓝单车	2016年	共享单车	A轮	停止运营
	酷骑单车	2016年	共享单车	/	停止运营
	小鹿单车	2016年	共享电单车	/	停止运营
	町町单车	2016年	共享单车	/	倒闭
	悟空单车	2017年	共享单车	/	倒闭
	3vbike	2017年	共享单车	天使轮	停止运营
共享经济	乐电LeDian	2015年	共享充电宝	/	停止运营
	哆啦衣梦	2015年	共享服装	A+轮	停止运营
	PP充电	2016年	共享充电宝	/	倒闭
	活力摩登	2017年	共享雨伞	/	停止运营
	享睡空间	2017年	共享睡眠	/	关停

从共享汽车、共享单车道共享充电宝、共享雨伞、共享服装、睡眠等，产品多种多样，五花八门。在经过市场的搏杀后，倒闭潮如期而至，有些曾经是我们耳熟能详的名字，如友友用车，现在成了人们茶余饭后的谈资，也有的名字似乎从来没有听说过，如哆啦衣梦，悄无声息地退出了市场。

诚然，创业不容易。看看朋友圈触目惊心的猝死与自杀者，你就知道创业有多么不容易。京城四少的"茅侃侃"、春雨创始人CEO张锐、前阿里巴巴数据技术及产品部(DT)总监欧吉良、天涯社区副主编金波，正在处于而立之年，要么被疾病夺取了生命，要么被压力压垮，走上不归路。

共享经济在我国的发展只有短短的几年时间，发展迅速之快，我们好像还没有搞清楚什么是共享经济，共享单车已经遍布于大街小巷，共享经济是一种新的经济模式，它的出现会与传统经济发生激烈冲突，会对我国现有的法律法规、税收制度发出挑战，这些因素都会制约共享经济的发展，贸然进入市场，势必会有很大风险，所以，这就决定了共享经济企业的死亡率之高。除此之外，以下几个因素也是导致共享经济企业"死亡"的重要原因。

（一）打着共享经济的旗号，实则为资本大战

共享的本质是节约资源，实现资源共享，但是，我们发现现在很多共享经济企业早已经违背了这个共享经济的本质，以共享单车为例，一个城市究竟需要多少共享单车才能满足"最后一公里"的出行？很多共享单车企业纷纷入驻，导致共享单车的颜色都已经不够用，大量单车被搁置、损坏，从而造成了资源的浪费。

目前，绝大多数共享经济企业靠的是烧钱维持运营，动辄几千万几亿的融资，没有融资，企业就无法运营下去，如小蓝单车在得到黑洞投资的

4亿资产后，再无任何融资信息，使得小蓝单车的经营遇到了困难，只得向摩拜、ofo提出被收购的意向，无奈没有人愿意接盘。

由此可见，名为共享经济，实际上成了资本的角逐，一旦失去了资本的支持，共享经济企业发展就陷入困境之中。

（二）不是所有的产品都可以用来共享

对于共享充电宝创业，万达公子王思聪曾在朋友圈中怒批其不切实际："共享充电宝要是能成我吃翔，立贴为证。"事实证明，共享充电宝没有熬过两三年，纷纷倒闭，一些创业者想当然地认为，任何产品都可以用来做共享经济，其实不然。

以充电宝为例，手机虽然是人们不离身的必备通讯用品，但使用手机是不是就必须要备一个充电宝呢？显然不是，我们在办公、出差的时候，随处都可以充电，在办公室可以给手机充电，出差住酒店也能提供充电服务。

即便是需要充电宝，用户是不是真的要等到手机没有电了，才四处找共享充电宝呢？有这个时间是不是可以去商场购买一个，这样就可以想什么时候用就什么时候用，多方便啊！

此外，用户也会有这样的担心，将陌生并且公用的USB插入自己的手机，会不会导致自己的信息被泄露，若泄露，就得不偿失了。

（三）残酷的市场竞争

共享经济企业的竞争是非常残酷的，往往是某一个产品推出后，大家都会蜂拥跟上，如共享单车，我们能够叫得出的名字有摩拜单车、ofo小黄车、小蓝单车等等，市场就这么大，大家都要分这块蛋糕，就免不了残酷的竞争。

最为典型的就是滴滴与Uber的竞争，为了抢夺市场，他们给司机发补贴，给打车用户发红包，其数额高达数亿元，残酷的市场竞争背后是大量资本的投入，最终 Uber 在历经 32 个月的竞争后，败走中国。

共享经济在我国的发展只有几年的时间，共享经济企业对外经营的环境还不是很好，困难重重，在遭遇同行你死我活的斗争，别说企业自身的发展，就算是生存都将是十分困难的事情。

共享经济投资会越来越趋于理性

和创业的朋友们一起聊天，聊得最多的就是共享经济，在创业圈有这样一个笑话：只要你的创业项目能与共享经济扯上关系，就不愁拿不到融资。从这个笑话中，我们可以看出当下共享经济是多么的红火。

2017 年可以称得上是共享经济的"本命年"，这一年可以分为两个阶段，上半年虚火烧得很旺，下半年寒潮来临，让很多企业猝不及防，纷纷倒闭，迎来了倒闭潮。

2016 年，以共享单车为代表的共享经济的出现，立刻引来了众多创业者与投资人的关注，开启了新一轮的争斗，2017 年，除了共享单车外，共享充电宝、共享雨伞、共享服装、共享健身房等五花八门的共享产物如雨后春笋般涌出。

2017 年，共享经济出尽风头的莫过于共享单车，其中以摩拜和 ofo 为代表，分别累计获得约合 70 亿元和 82 亿元的融资，如下图所示：

企业名称	融资时间	轮次	融资金额	投资方
摩拜	2017年1月4日	D轮	2亿美元	腾讯、华平投资、携程等
摩拜	2017年1月23日	/	/	富士康战略投资
摩拜	2017年2月20日	D+	上亿美元	淡马锡和高瓴资本
摩拜	2017年6月16日	E轮	6亿美元	腾讯领投
摩拜	2017年11月15日	/	/	高通战略投资
ofo	2017年3月	D轮	4.5亿美元	DST领投，滴滴、中信产业基金、经纬中国等机构跟投
ofo	2017年4月	D+轮	/	蚂蚁金服
ofo	2017年7月	E轮	7亿美元	阿里巴巴、弘毅投资和中信产业基金联合领投，滴滴出行和DST跟投

　　摩拜与ofo获得如此高的融资，也让很多创业者感到困惑，为何不赚钱，还有人拼命地往里投资呢？中国电子商务研究中心主任曹磊解释说，站在互联网的角度，盈利不能只看交易本身，更不能只看C端用户。对于一个平台来说，盈利模式应该是多元化的，有从用户方面获得的押金、租金等，还可依靠其延伸服务获取利润，包括沉淀资金的投资等，以及平台由此获得的用户数据更是无价的，也就是我们常说的流量。

　　无论是摩拜还是ofo，他们都不只是把眼光只盯住国内市场，自2016年12月开始，共享单车先后出海，英国、意大利、日本、新加坡等很多国家都能看到摩拜、ofo等共享单车的影子，但是因为"水土不服"等原因，出海的征程也是喜忧参半。

　　除了共享单车外，共享充电宝也备受资本的青睐，来电、怪兽、街电等公司都获得了一轮甚至多轮融资，单轮融资金额竟可高达3亿元人民币以上。还有不被看好的共享雨伞，其中漂流伞的势头最旺，在短短几个月的时间内就完成了三轮融资，估值超过了1.2亿元。

2017 年，虽然依旧是共享经济的爆发年，就连那些不被看好的共享充电宝、共享雨伞都获得了上亿元的融资。但是，仔细观察你会发现，共享企业的融资大多集中在上半年，下半年很少并且频率很低，这是一个不好的信号，好像是大家嗅到了危险的气味。

果不其然，2017 年下半年，数十家共享经济企业先后宣布倒闭或停止运营，曾经最火爆的共享单车，此时却成了倒闭的重灾区。2017 年 6 月份，仅仅运营了 5 个月的悟空单车宣布退出市场，拉开共享单车倒闭的热潮，紧接着町町单车、小蓝单车、小鹿单车以及酷奇单车等共享单车企业也都相继宣布停止运营，其倒闭的原因都如出一辙，融资的钱花光了，又拿不到新的融资。不仅如此，因为押金未能及时退回，遭到中消协的指责及控诉，一时间使共享单车被推到了风口浪尖上。

除了共享单车外，其他共享经济企业日子也不好过。2017 年 10 月，杭州共享充电宝公司"乐电"宣布停止运营，成为首家"死亡"的共享充电宝企业。与此同时，小宝充电、泡泡充电、放电科技、PP 充电、创电、河马充电等企业也进入项目清算阶段。此外，共享汽车企业 EZZY 在 10 月底也宣布解散。

2017 年，共享经济经历了过山车式的发展。先是火爆的融资盛景，随后是一家一家共享企业相继倒下，这不仅预示着行业风口的缩进，也说明共享经济的发展在逐渐趋于平稳，优胜劣汰是市场规则，只有强者才会最终留下来。

据我观察，2018 年以后，共享经济的洗牌会更加彻底，人们对共享经济的投资也会更加谨慎与理智。纵观历史，任何行业的发展都会经过这一洗礼过程，才能逐步走向正轨，行业的发展才会更加沉稳。